Albert Kann

Die Transportgeschäfte der Post

Albert Kann

Die Transportgeschäfte der Post

ISBN/EAN: 9783744708470

Hergestellt in Europa, USA, Kanada, Australien, Japan

Cover: Foto ©ninafisch / pixelio.de

Weitere Bücher finden Sie auf **www.hansebooks.com**

Die
Transportgeschäfte
der Post.

Inaugural-Dissertation

zur

Erlangung der Doktorwürde

an der

hohen juristischen Fakultät

der

kgl. bayr. Friedrich-Alexanders-Universität zu Erlangen

von

Albert Kann

aus Nürnberg

Rechtspraktikant am k. Amtsgericht Nürnberg.

Erlangen.

Druck von Aug. Vollrath's k. b. Hofbuchdruckerei.

1892

Herrn Professor Dr. Emil Sehling

in

Dankbarkeit

gewidmet

vom

Verfasser.

Vorwort.

In nachstehender Darstellung hat sich Verfasser hauptsächlich bemüht, die privatrechtlichen Beziehungen der Post zum Publikum vor allen nach der theoretischen Seite hin erschöpfend zu untersuchen und derselben das Reichspostrecht zu Grunde gelegt. Nach der positiv-rechtlichen Seite hin hat sich jedoch die Darstellung auf das zu dieser Untersuchung nötige Mass beschränkt und darüber hinaus nur die wichtigsten Vorschriften des einschlägigen Rechtsgebietes erörtert.

Zugleich hat der Verfasser das bayerische Post-recht in den Kreis der Darstellung gezogen und damit, soviel ihm bekannt, zum ersten Male den Versuch unter-nommen das bayerische Sonderrecht zum Gegenstand einer umfassenden Erörterung zu machen; die Vergleichung der Vorschriften beider Rechtsgebiete hat vielfach die Lösung schwebender Fragen erleichtert.

Hiebei möge dem Verfasser nachgesehen werden, wenn er in vorliegender Darstellung auf Streitfragen des positiven Rechts nicht näher eingegangen ist.

Nürnberg, im November 1891.

Inhaltsangabe.

I. Abschnitt.

Die Rechtsquellen.

§ 1. Die Rechtsquellen.

Die Rechtsquellen unseres Postrechts sind:

I.

1. Die Verfassung des Deutschen Reiches vom 16. April 1871.

2. Das Gesetz über das Postwesen des Deutschen Reiches vom 28. Oktober 1871.

3. Das Gesetz über das Posttaxwesen im Gebiete des Deutschen Reiches vom 28. Oktober 1871.

4. Das Gesetz vom 17. Mai 1873 betr. einige Abänderungen des Gesetzes über das Posttaxwesen im Gebiete des Deutschen Reiches vom 28. Oktober 1871.

5. Das Gesetz vom 3. Mai 1874 betr. die Abänderung des Gesetzes über das Posttaxwesen im Gebiete des Deutschen Reiches vom 28. Oktober 1871.

6. Das Gesetz betr. die Portofreiheit im Gebiete des Norddeutschen Bundes vom 5. Juni 1869.

7. Die Postordnung vom 8. März 1879.

8. Die Verordnungen des Reichskanzlers

vom 24. August 1879,

" 12. März 1883,

" 16. Januar 1886,

" 21. März 1886,

" 4. Juli 1888,

" 13. Juli 1888,

" 9. Mai 1889,

" 30. April 1890,

" 23. Mai 1890,

" 16. Juni 1890,[1])

" 12. Dezember 1890.

9. Die verschiedenen Postverträge zwischen dem Deutschen Reiche und auswärtigen Staaten.

10. Das allgemeine deutsche Handelsgesetzbuch, die Handelsgebräuche und das allgemeine bürgerliche Recht.

II.

Als besondere Rechtsquellen für das Königreich Bayern kommen in Betracht:

1. Die Postordnung für das Königreich Bayern vom 1. Mai 1889.

2. Die Bekanntmachung des Staatsministeriums des kgl. Hauses und des Äussern vom 1. Juni 1890, 3. Juni 1890 und 20. August 1890.

§ 2. Verhältnisse der Rechtsquellen zu einander.

I.

I. Die Grundlage unseres Postrechts bilden die Bestimmungen der Reichsverfassung. Nach diesen unterliegt das Postwesen der Beaufsichtigung seitens des Reiches und der Gesetzgebung desselben (Art. 4, Z. 10, R.-V.) und wird für das gesamte Gebiet des Deutschen

---

[1]) Gar nicht berücksichtigt von Mittelstein.

Reiches als einheitliche Staatsverkehrsanstalt eingerichtet und verwaltet (Art. 48 — 51 der R.-V.).

Dieselben erlitten jedoch eine Einschränkung auf Grund der Versailler Verträge mit Bayern vom 23. November 1870 und mit Württemberg vom 25. Nov. 1870.

Die Beaufsichtigungs- und Gesetzgebungsbefugnis des Reiches ist für das Gebiet von Bayern und Württemberg eingeschränkt auf die in Art. 52 der R.-V. aufgezählten Befugnisse; die Einheitlichkeit der Einrichtung und Verwaltung des Postwesens für diese Gebiete aufgehoben durch denselben Artikel.

Ein Beaufsichtigungsrecht des Reiches gegenüber Bayern und Württemberg ist nicht vorgesehen und daher auch nicht vorhanden. Das Gegenteil behauptet Schott V. 532 I.

II.

Dem Reiche stehen daher für das gesamte Reichsgebiet folgende Rechte zu:

1. Die Gesetzgebung über die Vorrechte der Post, über die rechtlichen Verhältnisse dieser Anstalt zum Publikum, über die Portofreiheiten und das Posttaxwesen, jedoch ausschliesslich der reglementarischen Bestimmungen für den internen Verkehr innerhalb Bayerns bezw. Württembergs (Art. 52 R.-V.).

2. Die Regelung des Postverkehrs mit dem Ausland, ausgenommen den eigenen unmittelbaren Verkehr Bayerns, bezw. Württembergs mit seinen dem Reiche nicht angehörenden Nachbarstaaten (Art. 52 R.-V.).

III.

Auf Grund dieser Verfassungsbestimmungen erging unterm 28. Oktober:

1. das Reichspostgesetz, welches innerhalb des in Abs. II Z. 1 angegebenen Rahmens für das gesamte Reichsgebiet gilt;

2. ferner das Reichsposttaxgesetz mit 2 Nachtrags-
gesetzen mit gleichem Geltungsgebiet;

3. ferner gilt für das gesammte Reichsgebiet, abgesehen vom internen Verkehr Bayerns und Württemberg das Gesetz über die Portofreiheiten vom 5. Juni
1869, nachdem die Geltung desselben durch Gesetz vom
29. Mai 1872 auf den Verkehr dieser beiden Länder
unter einander und mit den übrigen Teilen des deutschen
Reiches erstreckt worden ist.

4. die weitern bei der Benützung der Postanstalt
zu beobachtenden Vorschriften wurden gemäss § 50 des
P.-G. getroffen durch die P.-O. vom 18. Dez. 1874, an
deren Stelle nun die P.-O. vom 8. März 1879, in Geltung seit 1. April 1879, getreten ist.

Dieselbe gilt nach Art. 52 R.-V. und § 50 Abs. 4
des P.-G. nicht für den innern Verkehr der Königreiche
Bayern und Württemberg, jedoch für den Wechselver-
kehr dieser Länder unter sich und mit den übrigen
Teilen des deutschen Reiches

    a) dieselbe ist eine Rechtsverordnung,[1]) denn
        sie enthält Rechtsvorschriften, allgemeine
        Regeln, welche ihrem Inhalt nach geeignet
        sind, Rechtsregeln zu sein.

        Dieselben sind vom Reichskanzler auf
        Grund der durch § 50 des P.-G. gegebenen
        Competenz erlassen.

        Diese Vorschriften sollen beobachtet werden
        kraft des Willens des Gesetzgebers.

        Sie ist eine „giltige" Rechtsverordnung.[2])

---

[1]) Entscheidungen des R.-G. in Strafs. B. XII. No. 98, S. 326,
B. XVII No. 37 S. 145, in Civils., B. XIX No. 20, S. 104, ferner Schott
S. 534 No. 19, Mittelstein S. 3, Z. 4, dagegen Laband, S. 330,
Dambach S. 163.

[2]) Dagegen Mittelstein S. 4 u. Hensel in Hirts Annalen
des deutschen Reiches 1882 S. 27 8.

Sie ist nicht etwa ungültig mit Rücksicht
auf Art. 50, Abs. 2 d. R.-V.

Allerdings bestimmt derselbe, dass dem Kaiser,
nicht dem Reichskanzler der Erlass der reglementarischen Festsetzungen und allgemeinen administrativen
Anordnungen, sowie die ausschliessliche Wahrnehmung
der Beziehungen zu andern Post- und Telegraphenver-
waltungen zusteht, während die P.-O. (Reglement) vom
Reichskanzler erlassen wurde. Allein dessen Competenz
gründet sich auf § 50, Abs. 1 des P.-G., welcher für
diesen Fall an Stelle der Verfassungsbestimmung gilt,
nachdem eine Vorschrift der Reichsverfassung auch stillschweigend, nicht blos durch ein dieselbe „ausdrücklich"
abänderndes Gesetz ausser Wirksamkeit gesetzt werden
kann, eine Lehre, die auch von Laband (Staatsrecht des deutschen Reiches 2. Aufl. Bd. I, S. 545 8,
sowie von Bahr, Hänel, Zorn u. anderen vertreten ist.

Sie ist auch ferner nicht ungiltig mit Rücksicht
auf Art. 2 der R.-V,[1] da die im § 50 des P.-G. vor-
geschriebene Veröffentlichungsart eingehalten ist, die
Meinung aber, es müsse der Gesetzgeber, wenn er bestimmt, was zu geschehen hat zugleich bestimmen, was
nicht zu geschehen hat oder braucht, nemlich ein aus-
drücklicher Nachlass der Veröffentlichung im Reichs-
gesetzblatt, kaum richtig sein dürfte.

Unter Verzicht einer eingehenden Widerlegung
dieser staatsrechtlichen Auffassung in dieser privatrechtlichen Arbeit verdient daher nur hervorgehoben zu
werden, dass das Reichsgericht (cf. N. 2) wiederholt
die vom Verfasser verteidigte Ansicht vertreten hat.

b) Die Postordnung hat aber noch eine zweite
Bedeutung. Sie ist nicht blos, abgesehen
von einzelnen konkreten Vorträgen eine

---

[1] Hensel l. c. und Mittelstein S. 4.

Rechtsverordnung, sie ist mit Rücksicht auf den einzelnen konkreten Vertrag auch Vertragsinhalt, da gemäss § 50, Abs. 2 P.-G. die Vorschriften der P.-O. als Bestandteil des Vertrags zwischen der Postanstalt und dem Absender, bezw. Reisenden gelten.

Allerdings hat diese vorbehaltlose Bestimmung des P.-G. ihre Einschränkung durch den Inhalt der P.-O. selbst gefunden, insoferne gewisse Vorschriften derselben ihrer Natur nach nicht den Bestandteil eines privatrechtlichen Vertrages bilden können, wie z. B. die Vorschriften polizeilicher Art über die Aufrechterhaltung der Ordnung, der Sicherheit und des Anstands auf den Posten, in den Postlokalen und den Passagierstuben u. a. (§ 50, Abs. 3, Z. 10 P.-G.).

Jedoch enthält diese Bestimmung nichts Unmögliches, wie Schott[1] hehauptet, insoferne die Post gar nicht auf Grund eines Vertrags befördert, da eben letztere Annahme, wie später sich ergeben wird, unhaltbar ist, noch etwas Widersprechendes, da diesem Reglement hiedurch nur in Bezug auf den einzelnen konkreten Vertrag eine besondere Eigenschaft beigelegt worden ist.

5. Neben der Postordnung kommt aber weiter in Betracht der Art. 421 und 449 des H. G.-B., wonach die Bestimmungen des ersten Abschnittes des V. Titels des IV. Buches des H. G.-B. für die Postanstalten insoweit gelten, als nicht durch besondere Gesetze oder Verordnungen für dieselben ein anderes bestimmt ist, sowie (cf. unten § 8) Art. 1 des H. G.-B.,[2] wonach in Handelssachen, insoweit das H. G.-B. keine Bestimmungen

---

[1] So Schott S. 534.
[2] Die supsidäre Geltung der übrigen Bestimmungen des H. G.-B. scheint Schott S. 536 nicht anzuerkennen.

enthält, die Handelsgebräuche und in deren Ermangelung das allgemeine bürgerliche Recht zur Anwendung kommen.

Soweit daher kein internationales Recht in Frage steht, ist das Verhältnis der einzelnen Rechtsquellen nach Reichsrecht folgendes:

Zunächst kommen in Anwendung die Bestimmungen der Postordnung und ihre späteren Zusätze und die in § 1 unter I erwähnten Gesetze; dann der 1. Abschnitt des V. Titels des IV. Buches des H. G.-B., bezw. des V. Buches des H. G.-B., sowie die übrigen Bestimmungen des H. G.-B., dann die Handelsgebräuche und zuletzt das allgemeine bürgerliche Recht.

Für Bayern und Württemberg ist das Verhältnis das gleiche, nur dass innerhalb des erwähnten Rahmens an die Stelle der Reichspostordnung die betreffende Landespostordnung tritt.

Über diesen Rechtsquellen steht, soweit nicht zwingendes Recht hindert, das Vertragsrecht.

Neben diesen Rechtsquellen sind noch Dienstinstruktionen unter der Bezeichnung „Allgemeine Dienstanweisungen für Post- und Telegraphie" ergangen. Dieselben sind nicht publiziert, jedoch im Buchhandel erhältlich und im Verkehr des Publikums mit der Post für das erstere ohne rechtliche Bedeutung. Sie können lediglich als ein Auslegungsmittel bei zweideutigen oder ungenügenden Bestimmungen der Postordnungen verwendet werden.[1]

§ 3. Rechtliche Stellung der Post nach geltendem Recht.

Gemäss Art. 48 R.-V. wird das Postwesen für das gesamte Gebiet des deutschen Reiches als einheitliche Staatsverkehrsanstalt eingerichtet und verwaltet.

---

[1] Schott, S. 534; v. d. Osten, S 5; R.-G. Entschl. Civils. Bd. XIII. Nro. 61.

Gemäss Art. 52 R.-V. gilt diese Bestimmung für Bayern und Württemberg überhaupt nicht und hat auch keine ergänzende Vorschrift in diesem Art. gefunden.

Was nun die Bedeutung dieses Art. für das sonach verbleibende Reichsgebiet anlangt, so ist dasselbe keineswegs unbestritten.

So sagt Laband:[1] Der Art. 48 spricht hinsichtlich der Telegraphie und Post nur aus, dass die bis dahin selbständigen Verwaltungen zu einer einheitlichen Verwaltung des Reiches verbunden werden; aber so wenig er den Postzwang sanktionirt und so wenig er irgend jemandem verbietet, Briefe, Packete, Personen gegen Entgelt zu befördern und als Privatunternehmer der Reichspost Konkurrenz zu machen, eben sowenig enthält der Art. 48, Abs. 1 ein Verbot, telegraphische Leitungen anzulegen und Telegramme gegen Entgeld zu befördern. Der Art. 48 sagt nicht, dass die Geschäfte, denen sich diese Anstalt widmen, nur von Staatsanstalten betrieben werden dürfen und Privatunternehmern untersagt seien.

Mit Recht wendet sich Göpfert[2] gegen diese Behauptung. Denn die Geschichte wie der Wortlaut der Verfassungsbestimmung rechtfertigen dieselbe keinesfalls:

Der Art. 48 der R.-V. entspricht dem Art. 45 der Verfassung des norddeutschen Bundes. Bei der Berathung desselben in der Sitzung des konstituirenden Reichstages des norddeutschen Bundes, vom 2. April 1867 wurde von den Abgeordneten Dr. Becker und Genossen ein Antrag folgenden Inhalts gestellt:

Der Reichstag wolle beschliessen, dem Art. 45 (48) folgende Fassung zu geben:[3]

---

[1] Laband, S. 311 u. 310 Note 3.
[2] Göpfert, S. 17.
[3] Stenographische Berichte über die Verhandlungen des Reichstags des norddeutschen Bundes im Jahre 1867. I. S. 575.

„Das den Bundesstaaten noch zustehende Post-
und Telegraphenmonopol, sowie der Postzwang sind
aufgehoben. Die Post- und Telegrafenanstalten gehen
auf den Bund über. Die Bedingungen für die Be-
nutzung dieser Anstalten seitens des Publikums werden
durch Gesetz geregelt.

In der Begründung wurde unter anderem darauf
hingewiesen, dass das Post- und Telegrafenwesen lediglich als ein Finanzmonopol aufzufassen sei, welches
andere Staatszwecke als die Erzielung von Gewinn
nicht erstrebe bezw. erfülle, und eben so gut von Privaten betrieben werden könne.

Demgemäss geht auch der Antrag in Satz 2 dahin,
dass nur die Post- und Telegrafenanstalten, nicht
das Post- und Telegrafenwesen, auf den Bund über-
gehen soll. Gegen diesen Antrag aber erhob damals
der Vertreter der Bundesregierungen, Bundescommissar
Graf von Itzenplitz lebhaften Widerspruch mit den
Worten:[1])

„Im allgemeinen ist meine Ansicht die, und ich
kann sie nach einer fast fünfjährigen Erfahrung als eine
erprobte bezeichnen, wir können mit dem Portotarife
im Laufe der Zeit heruntergehen, ich hoffe, wir werden
es thun, ich möchte sagen, wir müssen es thun. Wir
können auch mit den Telegrafengebühren heruntergehen, und zwar je mehr und je eher, als sich beides
aus einer Hand entwickelt hat und von einem Standpunkt aus übersehen werden kann. Aber Privat-
posten zuzulassen, wie sie aus dem Amendement hervorgehen würden, und Privattelegrafen zuzulassen,
das würde die Sache in eine Verwirrung bringen, die
jeden Fortschritt hemmt.“

---

[1]) l. c. S. 516.

Damit ist aber zugleich der gesetzgebenden Körperschaft die Bedeutung der Regierungsvorlage, wenn überhaupt darüber Zweifel bestand, ausser allen Zweifel gesetzt worden. Durch das Amendement und dessen Verteidigung wie Bekämpfung, sowie den Wortlaut der Regierungsvorlage war hiemit klar gestellt, dass es nicht um die Übernahme der bisherigen Post- und Telegrafenanstalten aus der Hand der Bundesstaaten sich handle, sondern darum, das gesammte Post- und Telegrafenwesen zur Vereinigung in zwei Staatsverkehrsanstalten für den Bund zu genehmigen.

Der Antrag Becker wurde auch mit grosser Mehrheit seitens des Reichstags verworfen und der Art. 45 (48) in der Fassung der Regierungsvorlage angenommen

Dieser Artikel ging aber in unveränderter Fassung als Art. 48 in die Reichsverfassung über.

Ergiebt sich sohin schon aus der Entstehungsgeschichte des Artikels mit voller Klarheit, dass nicht blos der Übergang der bisherigen Post- und Telegrafenanstalten der einzelnen Bundesstaaten seitens des Bundes der Zweck desselben sei, so lässt sich auch aus dem Wortlaute der Verfassung nicht ein Beweis für die Auffassung von Laband erbringen. Denn der Artikel lautet nicht: Die bisherigen Post- und Telegrafenanstalten, auch nicht die Post- und Telegrafenverwaltung oder die Post- und Telegrafenangelegenheiten, sondern das Post- und Telegrafenwesen. Er enthält keine zeitliche Beschränkung auf den damaligen Zustand des Post- und Telegrafenwesens. Er umfasst somit alles, was jeweils sich als Post- und Telegrafenverkehr darstellt, was jeweils das Wesen der Post und Telegrafie ausmacht. Das Postwesen soll nach demselben eine Staatsverkehrsanstalt sein, sohin keine Verkehrsanstalt eines Privaten und einheitlich eingerichtet und verwaltet werden, sohin nicht nach verschiedenen Grundsätzen, und zwar von einer Centralstelle, nicht mehr durch die Bundesstaaten oder andere Personen.

Es hat daher das Reich für das gesamte Gebiet mit Ausschluss von Bayern und Württemberg für das Postwesen das ausschliessliche Recht auf Einrichtung und Verwaltung der Postverkehrsanstalten. Das Reich hat das Postmonopol.

Die Bezeichnung dieses ausschliesslichen Rechtes als „Monopol" erscheint angemessener als der geschichtliche Ausdruck „Regal", einmal, weil letzteres der Regel nach ein Recht gab an oder auf gewisse Sachen, welche an sich dem freien Verkehr unterliegen und wesentlich privilegirte Occupationsbefugnisse (z. B. auf dem Gebiete der Jagd, des Bergbaus, der Fischerei), erstens auch seiner sprachlichen Bedeutung entsprechend, ein ausschliessliches Recht auf den Betrieb eines Gewerbes, von Erwerbsgeschäften gewährt und ferner deshalb, weil der Begriff des Regals ein Begriff des älterern Reichsstaatsrechtes ist, der mit der Umwandlung der landesherrlichen Gewalt in eine Herrschergewalt, im Grunde keinen rechtswissenschaftlichen Sinn mehr hatte.[1]) Zwischen der früheren Ausnutzung der Regalien und dem modernen Staatsbetrieb der Verkehrsanstalten bleibt der grosse Unterschied, dass der moderne Staat dieselben nicht eigentlich nur um eines fiskalisch-monopolistischen Gewinnswillen, wie er mit den alten Regalien begrifflich verbunden war, sondern im allgemeinen Interesse und mit Rücksicht auf die wichtige öffentliche Funktion betreibt, welche diese und die ähnlichen Einrichtungen zu erfüllen haben. Das schliesst natürlich nicht aus, dass er aus denselben,

---

[1]) Seydel: bayer. Staatsrecht B. 4 S. 224/5 (1889.)

Mittelstein: S. 20, behauptet, Monopol sei überhaupt kein juristischer Begriff.

unbeschadet des eben bezeichneten Zweckes, Einnahmen erziele.[1])

An diesem Postmonopol des Reiches wollte weder durch das Postgesetz etwas geändert werden noch ist durch dasselbe etwas geändert worden.[2]) Ein Postmonopol der beiden anderen Posten des deutschen Reiches ist durch das Reichsrecht weder geschaffen noch geändert worden und bemisst sich nach dem einschlägigen Landesrecht. Dieser Standpunkt ist übrigens auch vertreten vom Reichsgericht.[3]) Unrichtig und verwirrend ist es den Postzwang mit Postmonopol zu bezeichnen.[4]) Das Postmonopol ist das ausschliessliche Recht des Reiches auf Einrichtung und Verwaltung von Postverkehrsanstalten und ist eine Einschränkung der Gewerbefreiheit, welche die Einrichtung und den Betrieb anderer als staatlicher Postverkehrsanstalten verhindert. Der Postzwang (das Postzwangsrecht) ist das Recht der Staatspostanstalt zu verlangen, dass gewisse Arten von Postsendungen nicht auf eine andere Weise als durch die Staatspost befördert werden, und eine Beschränkung des freien Verkehrs überhaupt, welche jede Beförderung der postpflichtigen Sendungen, auch die einmalige, auf

---

[1]) Eheberg: Grundriss der Finanzwissenschaft. S. 58.9.

[2]) Es mag in dieser Beziehung auf die eingehende Darstellung von Gopfert S. 27 verwiesen werden.

[3]) Entscheidungen in Strafsachen, aufgezeichnet und erläutert im Archiv für Post- und Telegrafie. Jahrgang 1887, S. 97 ff. uud 1888 S. 543 ff.

[4]) Wie Laband S. 308 Z. 1, von der Osten S. 2 III. Abs. 4, Scholl S. 537 II. So auch Mailli: Haftpflicht S. 15 No. 5. Das Regal (unser Monopol) enthält eine Beschränkung der Gewerbefreiheit und trifft nur einzelne, während der Postzwang das ganze Publikum in der Auswahl der Transportmittel beschränkt. Er vermengt aber selbst wieder beide Begriffe in der folgenden Darstellung, so z. B. S. 19 vor Z. 1: Nach dem P. G. erstreckt sich das Regal etc.

einem andern Wege als durch die Staatspost verhindert. Dieses Recht ist übrigens vom Gesetze selbst und zwar in ganz entsprechender Anlehnung an verwandte rechtsgeschichtliche Verhältnisse, wie Mühlen-, der Bier-, der Weinzwang als Postzwang bezeichnet.

Das Postmonopol ist denkbar ohne Postzwang, ohne eine Verpflichtung des Publikums sich im Bedürfnissfalle der monopolisirten Anstalt bedienen zu müssen,[1]) so dass es ihm freisteht, auf irgend eine andere Weise sein Bedürfnis zu befriedigen. Dass es sich im letzteren Falle thatsächlich keiner anderen Anstalt als der monopolisirten bedienen kann, ist aber eine Wirkung des Monopols.

Nur soviel muss L a b a n d zugegeben werden, dass die Verfassungsbestimmung des Artikels 48, Abs. 1 R. V. insofern eine lex imperfecta ist, als es derzeit an Vorschriften zur Durchführung des Monopols gebricht.

A. Ihre grundsätzlichen Rechte.

§ 4. Der Postzwang.

Von den im Abschnitt I des P.-G. geregelten grundsätzlichen Rechten der Post findet hier nur der im § 1 und 2 behandelte Postzwang Berücksichtigung, während die durch § 4 bezw. durch das Eisenbahn-Postgesetz vom 20. Dezember 1875 gegenüber den Eisenbahnunternehmungen der Post eingeräumten ausser dem Rahmen dieser Aufgabe stehen.

Nach § 1 des P.-G. ist die Beförderung

1. aller versiegelten, zugenähten oder sonst verschlossenen Briefe,

---

[1]) Andreas Laband II. S. 327 Anm. 4; dagegen das R.-G. in Entsch. in Strafs. v. 16. Dez. 1889 S. XX No. 42 aufgezeichnet und erläutert im Archiv für Post und Telegrafie, Jahrgang 1890, S. 294.

2. aller Zeitungen politischen Inhalts, welche öfter als einmal wöchentlich erscheinen

gegen Bezahlung von Orten mit einer Postanstalt nach andern Orten mit einer Postanstalt des In- und Auslandes auf andere Weise als durch die Post verboten. Hinsichtlich der politischen Zeitungen erstreckt dieses Verbot sich nicht auf den zweimeiligen Umkreis ihres Ursprungsortes.

Dieses Verbot erstreckt sich in örtlicher Beziehung

a) auf den Postverkehr innerhalb des deutschen Reiches (Inland[1])

b) auf den Postverkehr vom Inland nach dem Ausland[1]),

c) auf den Postverkehr vom Ausland nach dem Inland[2])

d) auf den Postverkehr vom Ausland nach dem Ausland[3]) für den Fall des Transits.

Das Verbot gilt nur für die Beförderung von Ort zu Ort, also nicht innerhalb eines Ortes. Unter Ort ist der Gemeindebezirk zu verstehen.[4])

Hiervon ist eine Ausnahme gemacht zu Gunsten der politischen Zeitungen.

Nach Abs. 2 des § 1 des P.-G. ist die Beförde-derung derselben von Ort zu Ort auch innerhalb des zweimeiligen Umkreises des Ursprungsortes gestattet. Ursprungsort ist der Ort, an welchem eine Zeitung herausgegeben wird und erscheint,[5]) nicht der Ort des Druckes oder der Absendungsort. Der zweimeilige Umkreis bemisst sich nach der Entfernung in der Luftlinie

---

[1]) § 1 Abs. 1.
[2]) § 1 Abs. 2.
[3]) § 1 Abs. 2.
[4]) Seydel, bayr. Staatsr. 1889 B. 5 S. 231.
[5]) Reichstagssitzung, am 16. Mai 1871 Verhandlungen S. 782.

zwischen Ursprungs- und Bestimmungsort in der Weise, dass zwischen den beiden sich nächsten Grenzen beider Orte kein grösserer Zwischenraum als zwei Meilen liegen darf.[1])

Das Verbot gilt nur unter der Voraussetzung, dass Absendungs- sowie Bestimmungsort mit einer Postanstalt versehen sind. Unter Postanstalt ist jede Posteinrichtung zu verstehen, welche mindestens Briefe sammelt und verteilt. Briefkasten, Briefsammlungen und Posthilfsstellen fallen nicht unter diesen Begriff.[2])

Postpflichtige ausländische Sendungen müssen bei der nächsten inländischen Postanstalt zur Weiterbeförderung eingeliefert werden (§ 1 Abs. 2 P.-G.)

2. Das Verbot erstreckt sich zweitens in gegenständlicher Beziehung nur auf gewisse Gattungen von Briefen und Zeitungen.

Es werden von demselben nur betroffen versiegelte, zugenähte oder sonst verschlossene Briefe. Der Begriff „Brief" ist gesetzlich nicht näher bestimmt. Dessen Feststellung ist daher im einzelnen Fall der Praxis überlassen. Eine verunglückte Begriffsbestimmung versucht das sächsische Postgesetz vom 7. Juni 1859 in § 2: Unter einem Briefe wird hierbei jede schriftliche oder gedruckte oder sonst auf mechanischem Wege hergestellte Mitteilung oder Benachrichtigung verstanden, wenn sie irgend wie verschlossen oder unter Kreuzband oder Schleife gelegt, oder wenn sie verschlossen oder unverschlossen einer Paketsendung beigepackt ist, ohne Unterschied, ob derselben zugleich ein anderer Gegen-

---

[1]) Reichstg.-Entschl. in Strafs. Bd. IV. S. 123, Mittelstein S. 25; Dambach S. 10 Mo. 17.

[2]) Motive z. P.-G. v. Nov. 1867 S. 22; Bericht der I. Commission des nordd. Reichstages S. 11; Dambach S. 12 No. 25.

stand als z. B. Geld, Waarenproben u. s. w. beigefügt ist oder nicht," da auch ein verschlossener Umschlag, in welchem sich ein Stück leeres Papier oder gar nichts befindet, wenn diese Art der Sendung nur eine bestimmte Bedeutung für die Korrespondenten hat, auch als Brief anzusehen ist.[1]

Zuweit ist die Umschreibung des Begriffs, welchen das Reichsgericht gegeben hat: „Sobald schriftliche oder sonstige hergestellte Mitteilungen vorliegen, handelt es sich um einen Brief.[2] Es würden darunter selbst Maueranschläge, telegrafische und telefonische Mitteilungen fallen.

Unverschlossene Briefe sind nicht postpflichtig, ausgenommen wenn sie in versiegelten, zugenähten oder sonst verschlossenen Packeten befördert werden, woran jedoch wieder Briefe, Fakturen, Preiskurante, Rechnungen und ähnliche Schrifstücke, welche verschlossenen Packeten beigefügt sind für den Fall, dass sie den Inhalt des Packets betreffen. (§ 1 Abs. 3 P.-G.) Die Art des Verschlusses ist im allgemeinen gleichgiltig. Einzelne Bestimmungen finden sich in der P.-O. z. B. § 8: Der Verschluss der Postsendungen muss haltbar und so eingerichtet sein, dass ohne Beschädigung oder Eröffnung desselben dem Inhalt nicht beizukommen ist. Für Wertsendungen § 9: Briefe mit Wertangabe müssen mit einem haltbaren Umschlage versehen, mit mehreren, durch dasselbe Petschaft in gutem Lack hergestellten, Siegelabdrücken dergestalt verschlossen sein, dass eine Verletzung des Inhalts ohne äusserlich wahr-

---

[1] Laband S. 309 No. 1; Dambach S. 8 No. 10: Mittelstein S. 22; dagegen Meyer, deutsches Verwaltungsrecht 1883 B. I § 176 No. 2.

[2] Entsch. in Strafs. B. XVI S. 286.

nehmbare Beschädigung des Umschlags oder des Siegelverschlusses nicht möglich ist; ebenso in der bayer. P.-O. § 5: Der Verschluss der Briefpostsendungen mit Ausnahme der Drucksachen und Waarenproben . . . . soll so beschaffen sein, dass ohne dessen Verletzung dem Inhalt nicht beizukommen ist, ferner § II, § 12, § 69 der bayr. P.-O. Das blosse Zusammenfalten ist kein Verschluss,[1]) auch Kreuzbandsendungen gehören nicht hierher. Dagegen sind Frachtbriefe, welche mit Adresse versehen sind, und bei welchen eine Stelle mit Oblatte versehen ist, die eine Notiz für den Adressaten enthält, verschlossene Briefe.[2])

Das Verbot erstreckt sich in gegenständlicher Beziehung ferner nur auf Zeitungen politischen Inhalts, welche öfter als einmal wöchentlich erscheinen. Welche Zeitung als eine politische zu erachten sei, ist nicht bestimmt. Anhaltspunkte gewähren das preussische Gesetz wegen Erhebung der Stempelsteuer von Zeitungen vom 29. Juli 1861 § 1, wonach als politische Zeitungen diejenigen gelten, welche in der Regel politische Nachrichten bringen und behandeln, ferner die Reichstagsverhandlungen,[2]) in welchen konstatiert wurde, dass die „Grenzboten“ und die „Preussischen Jahrbücher“ nicht als politische Zeitungen anzusehen seien und dass nach dem Postvereinsvertrag von 1860 politische Zeitungen diejenigen seien, welche für die Mitteilung politischer Neuigkeiten bestimmt sind.“ Nicht betroffen vom Verbot sind daher alle politischen Zeitungen, welche einmal wöchentlich oder seltener erscheinen, sowie alle unpolitischen Zeitungen, ferner alle Zeitschriften.

---

[1]) Erkenntnis des preuss. Obertribunals vom 2. März 1874 (Jurist. Min. Bl. S. 260).

[2]) Sitzungen am 16. Mai 1871 (Verhandlungen S. 730).

Der Unterschied von Zeitschrift und Zeitung wird mit Berner[1]) darin zu finden sein, dass erstere in Heften, letztere in Blättern erscheint; ähnlich das preussische Obertribunal,[2]) eine Zeitschrift sei eine periodische Druckschrift, welche in grösseren Heften herausgegeben wird.

3. Das Verbot erstreckt sich drittens nur auf gewisse Arten der Beförderung.

Es ist ausgenommen die Beförderung der postpflichtigen Sendungen ohne Bezahlung überhaupt (§ 1, Abs. 1 P.-G.) und die Beförderung gegen Zahlung durch expresse Boten oder Führer (§ 2 P.-G.)

Bezahlung ist nicht notwendig, die Zahlung einer Geldsumme, vielmehr im Sinne des Postgesetzes jede vermögenswerte Leistung, so die Überlassung von Gratisexemplaren einer Zeitung an den Beförderer.[3])

Gleichgiltig ist ferner, von wem die Bezahlung erfolgt, ob vom Absender oder vom Empfänger.[4])

Der Postzwang trifft ferner nicht die Beförderung durch expresse Boten oder Führer. Jedoch enthält auch in dieser Beziehung das Gesetz die Einschränkung, dass ein solcher Expresser nur von „einem" Absender abgeschickt sein, und dem Postzwange unterliegende Gegenstände weder von Anderen mitnehmen, noch für Andere zurückbringen darf.

Expresser Bote ist nur eine Person, welche sich in Anlass und zum Zwecke der Ausrichtung eines Be-

---

[1]) Berner, Lehrbuch des deutschen Strafrechts 1876 S. 207.

[2]) Erkenntnis vom 12. Juli 1855 u. 19. Jan. 1860 (Just. Min.-Bl. 1855 S. 350; Goldammer, Archiv Bd. 8 S. 397.

[3]) Entscheid des Genr.-Postamts a. 29. Dez. 1869. (D. 10072); Dambach S. 11. Mittelstein S. 23.

[4]) Dambach S. 12.

förderungsauftrags von einem Ort an einen andern begiebt.[1]) Gleichgiltig ist es, ob derselbe gewerbsmässig handelt oder nicht; ob er ein allgemeiner Privatbote ist, welcher Aufträge von Jedermann gewerbsmässig ausführt, wenn er nur im einzelnen Fall lediglich von einem Absender abgeschickt ist und der Absender nicht zugleich als Vertreter anderer Personen postpflichtige Gegenstände zum Transport mitgiebt.[2]) Nicht gestattet ist die Beförderung durch einen Privatboten, welcher sich aus einem ganz andern Grund als den der Beförderung an den Bestimmungsort begiebt.[3])

4. Ein Postzwang ist viertens überhaupt nicht vorhanden im Falle des § 15 P.-G. Derselbe giebt nemlich der Postverwaltung die Befugnis in Fällen des Krieges und gemeiner Gefahr durch öffentliche Bekanntmachung jede Vertretung abzulehnen und Briefe, sowie andere Sachen, nur auf Gefahr des Absenders zur Beförderung zu übernehmen. Macht die Postverwaltung von dieser Befugnis Gebrauch, so ist für die Zeit von der Bekanntmachung an bis zu deren Zurücknahme der Postzwang aufgehoben und dem Absender freigegeben, sich jeder Beförderungsgelegenheit zu bedienen. Diese Vorschrift ist übrigens bislang noch nicht praktisch geworden.

Eine gleichlautende Vorschrift findet sich auch in der bayer. P.-O. § 42. XI. Dagegen cessirt der Postzwang nicht in dem Falle, in welchem die Beförderungspflicht der Post für gesetz- und reglementmässige Sendungen cessirt.

Nach § 10 IV der P.-O. können nemlich die Postanstalten die Annahme und Beförderung von Postsen-

---

[1]) R.-G. Entsch. in Strafs. v. 16. Dez. 1879 Bd. XX No. 42.
[2]) Dagegen Entsch. in Note 28.
[3]) Mittelstein S. 28.

dungen, auch derjenigen, welche dem Postzwang unterliegen, ablehnen, sofern nach Massgabe der vorhandenen Postverbindungen und Postbeförderungsmittel die Zuführung derselben an den Bestimmungsort nicht möglich ist.

So gerechtfertigt diese Befugnis der Postanstalten erscheint, so ungerechtfertigt erscheint es, unter diesen Umständen das Publikum zur Beförderung der postpflichtigen Sendungen durch Expresse zu zwingen. Vielmehr wäre es ein Gebot der Billigkeit und Gerechtigkeit in diesem Falle den Postzwang aufzuheben und dem Publikum jede Beförderungsgelegenheit wie nach § 15 P.-G. freizugeben.

Von dieser Befugnis hat übrigens die Post im Jahre 1883 gelegentlich der Rheinüberschwemmungen Gebrauch gemacht.[1]

II.

Die Folgen der Verletzung des Postzwangs sind bestimmt in Abschnitt IV. des Postgesetzes.

Dieselben bestehen:

1. in einer Strafe mit dem vierfachen Betrage des defraudirten Portos, jedoch niemals unter 3 Mark. (§ 27 P.-G)

Rückfall ist ein Strafschärfungsgrund (§ 28 P.-G.), bei Uneinbringlichkeit der Geldstrafe tritt Umwandlung in Haftstrafe ein (§ 31 P.-G.).

2. in der Verpflichtung zur Zahlung des Portos, welches für die Beförderung der Gegenstände der Post zu entrichten gewesen wäre (§ 30 P.-G.) Dieser

---

[1] von der Osten: S. 17; Mittelstein: S. 84/5; Meili: Haftpflicht S. 36, welcher der gleichen Ansicht gegenüber der ähnlichen Bestimmung im Gesetzentwurf des Schweizer Bundesrats von 1874 Art. 13 1 c.

Anspruch der Post ist nach dem Gesetze keine Strafe (§ 30 P.-G. „ausser Strafe"), hat aber trotzdem die Natur eines Strafanspruchs, da es gleichgiltig ist, ob die Beförderung stattfindet oder stattgefunden hat; ja es musste vielmehr, wenn nach Anhaltung der Sendung dieselbe später doch befördert wird, noch einmal das gewöhnliche Porto gezahlt werden.[1])

3. Haben die Postbehörden und Postbeamten, welche eine Defraudation entdecken, die Befugnis, die dabei vorgefundenen Briefe oder anderen Sachen, welche Gegenstand der Übertretung sind, in Beschlag zu nehmen und so lange ganz oder teilweise zurückzuhalten, bis entweder die Defraudanten Postgefälle, Geldstrafe und die Kosten gezahlt oder durch Kaution sichergestellt haben.

B. Ihre grundsätzlichen Pflichten.
§ 5. Die Beförderungspflicht und die Verpflichtung zum Postdebit.

I.

1. Die grundsätzlichen Rechte finden sich geregelt in Abschnitt I des P.-G. und zerfallen in die Beförderungspflicht und die Verpflichtung zum Postdebit (§ 3 P.-G.) einerseits und die Verpflichtung zur Wahrung des Briefgeheimnisses (§ 5 P.-G.) andrerseits.

Der Gegenstand der Thätigkeit der Post ist im allgemeinen nicht gesetzlich geregelt. Was in den Geschäftsbetrieb der Post fällt, bestimmt sich wesentlich nach Herkommen und nach für die Verwaltung der Post geltenden Verordnungen.

So wenig der Post gesetzlich verwehrt ist, ein mit ihrer Aufgabe in Verbindung stehendes Geschäft zu be-

---

[1]) Mittelstein S. 30; Dambach S. 124; Fischer: Anm. zu § 30.

treiben, so wenig besteht eine gesetzliche Pflicht derselben, alle Geschäfte, welche sie betreibt, auch zu
betreiben.

Indessen erleidet dieser Satz eine Ausnahme durch
die Bestimmung des P.-G.

Unbestritten ist nach Satz 3 des § 3 P.-G. die
Post gesetzlich verpflichtet, die Pränumeration auf die
Zeitungen, sowie den ganzen Debit derselben zu besorgen.[1]) Daraus folgt, dass der Zeitungsdebit nicht auf
dem Verordnungswege aus dem Geschäftskreise der Post
ausgeschieden werden kann, sondern nur auf dem Wege
des Gesetzes,[2]) und dass jede an irgend einem Ort errichtete Postanstalt den Zeitungsdebit besorgen muss.
Jedoch hat Niemand ein Recht, die Errichtung einer
Postanstalt zum Zwecke der Debitirung von Zeitungen
zu verlangen. Diese Bestimmung bezieht sich ihrem Wortlaute nach auf alle Zeitungen ohne Unterschied ihrer
Art oder ihres Ursprungsortes und legt die Auffassung
nahe, die Post müsse auch den Vertrieb derselben besorgen. Allein aus Bestimmung in Satz 2 des § 3 P.-G.
erhellt, dass ein Recht auf Debitirung der Zeitung nur
für die im Gebiete des deutschen Reiches erscheinenden
politischen Zeitungen besteht, und somit nicht politische
Zeitungen des In- und Auslandes, sowie politische Zeitungen des Auslandes vom Postdebit nach Ermessen der
Post ausgeschlossen werden können und dass für Nor-
mirung der Provision für Beförderung und Debitirung
der Zeitungen nach verschiedenen Grundsätzen verfahren
werden kann. Der Satz 3 enthält also lediglich eine
organisatorische Bestimmung über den Geschäftsbetrieb
der Post; wieweit ein Recht des Publikums auf eine
Thätigkeit der Post innerhalb dieses Geschäftsbetriebes
besteht, bestimmt Satz 2 des §. Es besteht sohin kraft

---

[1]) Mittelstein, S. 33; Dambach S. 22.
[2]) Laband Bd. II S. 299 übergeht dies.

Gesetzes eine Verpflichtung der Post jedenfalls ein Geschäft, den Zeitungsvertrieb zu besorgen.[1])

Eine zweite Verpflichtung der Post gewisse Arten von Geschäften in den Bereich ihres Geschäftsbetriebes aufzunehmen, wird abgeleitet aus der Bestimmung iu Satz 1 des § 3 P.-G.[2]) Mittelstein folgert daraus, dass die Post, wie sie durch den Postzwang das Recht hat, gewisse Briefe und politische Zeitungen unter bestimmten Voraussetzungen ausschliesslich zu befördern, so auch zur Beförderung im selben Umfang verpflichtet ist und insoweit ihren Geschäftsbetrieb nur nach Befugung durch Gesetz aufgeben darf.

Nun bestimmt die Gesetzesstelle: Die Annahme und Beförderung von Postsendungen darf von der Post nicht verweigert werden, sofern die Bestimmungen dieses Gesetzes und des Reglements beobachtet sind. Nach dem klaren Wortlaut des Gesetzes könnte dies nur behauptet werden von Postsendungen überhaupt. Was Postsendung sei, ist im Gesetz nicht bestimmt; es sind alle Gegenstände, welche durch die Post versendet werden können und bildet den Gegensatz zur Personenbeförderung.[3]) Welche Gegenstände aber durch die Post versendet werden können und unter welchen Voraussetzungen, ergiebt sich nicht aus dem Postgesetz, sondern aus dem Reglement. Es ist sohin durch das Gesetz der Betrieb von gewissen Arten von Geschäften durch die Post keineswegs vorgeschrieben.

Auch die Entstehungsgeschichte des § liefert für die Meinung von Mittelstein keinen Beweis.

---

[1]) Widersprechend Seydel Bd. V. S. 538 unten u. 528 Abs. 2; ein Zwang zur Debitirung der Post besteht nicht.

[2]) Mittelstein S. 38 No. 15.

[3]) Dass der Mensch eine Postsendung sei, scheint mir über das erlaubte Mass einer sprachlichen Auslegung hinauszugehen: so Scholl S. 539; dagegen auch Dambach S. 19 No. 2; für die Personenbeförderung gilt vielmehr § 41, V, VI, VII. P.-O.

Der Antrag Hölder[1]) ging gegenüber der ursprünglichen Fassung dieses § dahin, es sei ein Recht des Publikums nicht blos für die postpflichtigen, sondern auch für die sonstigen Postsendungen anzuerkennen, während der Bundeskommissar sich dagegen wandte mit der Betonung, dass § 3 das Korrelat zu § 1 sein solle. Darauf schlug Dr. Becker den Antrag Hölder entsprechend die Fassung des ersten Satzes in der Form vor, in welcher er nun im Gesetz vorliegt. Es ist der Wille der Regierung daher eben nicht durchgedrungen. Daraus ergiebt sich, dass die grundsätzliche Pflicht der Post nach unserer Stelle darin besteht, innerhalb des Bereiches ihres Betriebes, so lange sie irgend einen Geschäftszweig betreibt, der sich auf Postsendungen bezieht, im einzelnen Falle die Annahme und Beförderung derselben nicht verweigern zu dürfen. Daher ist auch die Verpflichtung der Post zum Postdebit im einzelnen Falle (Satz 2) mit „auch" an Satz 1, der die gleiche Pflicht für Postsenduugen angeschlossen. Allerdings hat die Verpflichtung des Publikums gewisse Arten von Sendungen durch die Post ausführen zu müssen, die Existenz eines entsprechend postalischen Geschäftszweiges zur Voraussetzung; dass er aber existieren müsse,[2]) ist nach Ablehnung der Regierungsvorlage (zu § 3) nicht gesetzgeberisch zum Ausdruck gelangt.

Eine dritte gesetzliche Verpflichtung, gewisse Geschäftszweige in ihren Betrieb aufzunehmen, wird abgeleitet aus den Bestimmungen des Posttaxgesetzes.

Indem nemlich für gewisse Transportgeschäfte die Gebühr gesetzlich geregelt sei, wie für das Paketporto und die Versicherungsgebühr (§ 2 und 3 Tax-

---

[1]) Reichstagssitzung vom 5. Mai 1871 (Verhandlungen S. 550.)

[2]) Laband folgert dies indirekt aus § 1 des P.-G. (Bd. II, S. 299).

gesetz) sei gesetzlich anerkannt, dass die Post sich mit der Uebernahme zu befassen habe.[1])

Allein diese Normierung der Gebühren zeigt nur, dass der Gesetzgeber die Beschäftigung der Post mit den betreffenden Aufgaben als zulässig und möglich, ja als sicher eintretend erachtet hat, eine Pflicht zu der bezüglichen Beschäftigung liegt aber in dieser Normierung nicht.[2])

Dagegen ergibt sich eine weitere, aber nicht gesetzliche Pflicht der Post zum Betriebe gewisser postalischer Geschäftszweige aus den vom Reich abgeschlossenen Verträgen.

In allen diesen Fällen bleibt es dem Ermessen der Postverwaltung überlassen, den örtlichen Umfang ihres sachlich bestimmten Geschäftsbetriebes zu bestimmen; sie ist nicht verpflichtet an bestimmten Orten Ämter zu errichten, ist aber auch nicht daran gehindert.

2. Soweit nun eine Verpflichtung der Post zum Zeitungsvertrieb besteht, ist dieselbe schlechthin verpflichtet und unter allen Umständen zur Erfüllung dieser Pflicht im einzelnen Fall verbunden. Nur wenn nach § 14 des Reichspostgesetzes ein Verbot einer ausländischen Zeitung ergeht, hört auch der Postbetrieb derselben auf.[3]) Die Beförderungspflicht der Post bezüglich der Postsendungen aber ist durchbrochen durch die Bestimmung in § 10 IV P.-O., wonach die Postanstalten die Annahme und Beförderung von Postsendungen ablehnen können, sofern nach Massgabe der vorhandenen Postverbindungen und Postbeförderungsmittel die Zuführung derselben an den Bestimmungsort nicht möglich ist.

---

[1]) Laband Bd. II, S. 299.
[2]) So auch Seydel Bd. V, S. 528.
[3]) Dambach S. 21; Schwarze, Pressgesetz 1874, S. 48.

3

II. Die Folgen der Verletzung der grundsätzlichen Pflichten der Post.

Während durch die Bestimmungen des § 27 ff. des P.-G. die Verletzung des Postzwanges mit bestimmten Rechtsfolgen ausgestattet ist, sind die Folgen der Verletzung der bisher erwähnten Pflichten der Post durch keine Rechtsvorschrift geregelt, ein Mangel, dessen Beseitigung durch eine Gesetzesbestimmung daher geboten erscheint.

Es ist infolgedessen auch bestritten, welche Folgen sich nach dem jetzigen Rechtszustande an diese Pflichtverletzung der Post knüpfen.

Wie schon erwähnt, hat der Einzelne keinen Rechtsanspruch, die Einrichtung eines bestimmten Geschäftszweiges der Post, auch nicht des Zeitungsdebits zu verlangen,[1]) wohl aber jedermann das Recht unter den gesetzlichen und reglementären Voraussetzungen Annahme und Beförderung von Postsendungen, sowie den Postvertrieb einer Zeitung innerhalb des betriebenen Geschäftszweiges im einzelnen Falle zu verlangen. Die Forderung geht unbestritten auf Eingebung eines Privatrechtsgeschäfts, dessen Natur später erörtert werden wird, ist sohin eine Forderung, welche nach privatem, nicht nach öffentlichem Rechte zu beurteilen ist. Erfüllt die Post ihre Verpflichtung nicht, so haftet sie nach allgemeinen privatrechtlichen Rechtsgrundsätzen auf Schadenersatz, allerdings nicht wegen Nichterfüllung des Beförderungsvertrages (ein solcher liegt noch nicht vor), sondern wegen Verweigerung des Vertragsschlusses (ähnlich wie ein Kontrahent, der sich weigert ein pactum de contrahendo durch Kontraktschluss zu erfüllen.)

Für die Eisenbahnen hat übrigens das Handelsgesetzbuch in Art. 422 Abs. 4 ausdrücklich diese

---

[1]) So auch Laband Bd. II, S. 300.

Rechtsfolge der Nichterfüllung ihrer gleichartigen Verbindlichkeit bestimmt.

Allein diese allgemeinen Rechtsgrundsätze sind, wie unten näher erörtert ist, ausgeschlossen durch die positiven Vorschriften des P.-G.; denn dieses regelt die Haftverbindlichkeiten der Post, nicht wie vielseitig behauptet wird aus dem geschlossenen Beförderungsvertrage, sondern von dem Augenblick der reglementmässigen Einlieferung der Sendung; mit dieser Thätigkeit des Absenders ist aber der Vertrag keineswegs geschlossen. Es bleibt daher dem Geschädigten nur ein Ersatzanspruch gegen den betreffenden Beamten. Dass daneben ein Beschwerderecht existiere, wird nicht in Abrede zu stellen sein, schliesst aber wie in anderen Fällen nicht den Privatrechtsanspruch aus.

Anderer Ansicht ist Mittelstein, Schott und Cosack. [1])

§ 6. Die Pflicht zur Wahrung des Briefgeheimnisses.

Die zweite grundsätzliche Pflicht der Post ist die Pflicht zur Wahrung des Briefgeheimnisses (§ 5 P. G.).

Der Inhalt dieser Verpflichtung ist durch das Gesetz nicht bestimmt, noch vom Gesetz in entsprechender Weise bezeichnet. Der richtigere Ausdruck hiefür wäre Postgeheimnis. Denn es erstreckt sich nicht bloss auf Briefe, noch bloss auf den Inhalt der Postsendungen, von welchem auch die Postbeamten selbst nicht Kenntnis nehmen dürfen, d. i. den Inhalt von verschlossenen Sendungen, so dass Postkarten, Postanweisungen, Begleitadressen etc. dadurch nicht geschützt wären. Es bezieht sich vielmehr auf alles, was die Postbeamten durch die Benützung der Post über den Postverkehr der Personen in Erfahrung gebracht haben, auf Dasein wie Inhalt der Sendungen und auf die Pflicht der Postbeamten auch

---

[1]) Mittelstein S. 86; Schott S. 589 Nr. 22; Cosack: Handelsrecht S. 373; dagegen Laband II. S. 84. Tinsch S. 22.

selbst nicht über den Umfang des ihnen zustehenden Prüfungsrechtes der Sendungen[1]) hinauszugehen.[2])

Die Ansicht, es beziehe sich das Postgeheimnis nur auf den Inhalt der Postsendungen, von welchem auch die Postbeamten selbst nicht Kenntnis nehmen dürfen, führt zu der Folgerung, dass im übrigen nur der Schutz des Amtsgeheimnisses vorhanden ist[3]) und demgemäss alle staatlichen Behörden, insbesondere auch die Polizeibehörden Auskunft über alle sonstigen postalischen Thatsachen verlangen könnten.[4])

2. Ausnahmen von der Wahrung des Briefgeheimnisses sind nur bei strafgerichtlichen Untersuchungen, in Konkurssachen und in zivilprozessualen Fällen zulässig. Bis zum Erlass eines Reichsgesetzes werden jene Ausnahmen durch die Landesgesetze bestimmt.

Nach Reichsrecht besteht für den ersten Fall eine Ausnahme nach Massgabe der § 99—101 der R.-St.-P.-O., für den 2. Fall nach § 111 der R.-K.-O., für den letzteren Fall besteht keine Ausnahme.

II. Die Folgen der Verletzung des Briefgeheimnisses richten sich nur gegen den betreffenden Beamten.

Sie sind disziplinarische, privatrechtliche und strafrechtliche.[5])

---

[1]) cf. § 80 und 40. III. P.-O.

[2]) Seydel Bd. V S. 529; Laband Bd. II 303 und 304; Dambach S. 24.

[3]) Löwe, Kommentar zur R.-St.-P.-O. 3. Aufl. 1880. S. 313.

[4]) Dambach. S. 25.

[5]) §§ 354, 355 und 358 R.-St.-G.-B.; Laband Bd. II S. 306 d und Bd. I § 41.

III. Abteilung.

Die Post- ihre Kaufmannseigenschaft.

§ 7. Die Kaufmannseigenschaft der Post.

I. Der Unterschied zwischen der öffentlich-rechtlichen und privatrechlichen Auffassung von der Stellung der Post zeigt sich insbesondere bei der Frage, ob die Post als Kaufmann im Sinne des Handelsgesetzbuches aufzufassen sei oder nicht. Je nachdem diese oder jene Auffassung überwiegt, ist die Antwort eine verschiedene.

Bejaht wird die Frage von Völderndorff[1]), Gad[2]), Endemann[3]), Thöl[4]), Eger[5]), Behrend[6]), Schott[7]), Gareis[8]), von Hahn[9]), Dernburg[10]), Rompe[11]), Meili[12]), Laband[13]), Mittelstein[14]), Seydel[15]); verneint von Dambach[16]), Volkmann[17]), Goldmidt[18]), Löning[19]), Zorn[20]), G. Meyer[21]), Cossak[22]), von der Osten[23]), Göpfert[24]).

Den gesetzlichen Ausgangspunkt für Erörterung dieser Frage bilden die Bestimmungen des Handelsgesetz-

---

[1]) Kommentar z. H.-G. B. I. S. 40.
[2]) Haftpflicht S. 104.
[3]) Handelsrecht S. 653.
[4]) Handelsrecht III S. 102 No. 1.
[5]) I. S. 9.
[6]) Handelsrecht 1 S. 102 No. 1.
[7]) S 292.
[8]) Handelsrecht S. 76, 419.
[9]) Kommentar II. S. 687.
[10]) Preuss. Privatr. II S. 9.
[11]) Goldschmidts Z.-Schr. Bd. XI. S. 63.
[12]) Haftpflicht S. 154; Transportanstalten S. 97.

[13]) Bd. 11 S. 295/6.
[14]) S. 15/6.
[15]) Bd. V. S. 516.
[16]) S. 6.
[17]) Deutsches Postarchiv 1874, S. 821.
[18]) Handelsrecht 1 S. 617.
[19]) Verwaltungsrecht S. 100.
[20]) Staatsrecht 11 S. 18.
[21]) Verwaltungsrecht I § 177 Nr. 5.
[22]) Handelsr. S. 28.
[23]) S. 48.
[24]) S. 12.

buches in Art. 272, wonach die Geschäfte des Frachtführers, sowie die Geschäfte der für den Transport von Personen bestimmten Anstalten und die Bankier- oder Geldwechslergeschäfte im Falle der Gewerbemässigkeit des Geschäftsbetriebes Grundhandelsgeschäfte sind, dann in Art. 370 und Art. 4.

Es ist daher zuerst die Natur der von der Post betriebenen Geschäfte und dann die Gewerbemässigkeit des Betriebs derselben zu untersuchen.

a) Sicher ist die Post eine für den Transport von Personen bestimmte Anstalt und demgemäss sind ihre auf die Personenbeförderung gerichteten Geschäfte Handelsgeschäfte, wenn sie gewerbemässig betrieben werden[1]) (Art. 272 Z. 3 H.-G.-B.).

b) Die Post betreibt aber auch die Geschäfte des Frachtführers. Denn sie führt den Transport von Gütern zu Lande aus. Dies gilt, soweit die Post sich mit der Paketbeförderung befasst wie nicht minder bezüglich der Beförderung von Briefen. Die Frage, ob Briefe als Güter aufzufassen seien, wird mit Unrecht von Dambach[2]) Goldschmidt[3]) und Zorn[4]) verneint. Unter Güter sind vielmehr alle transportabeln Sachen zu rechnen im Gegensatz zu Personen. Diese Ansicht ist mit überzeugenden Gründen wiederholt in der Rechtsprechung[5]) wie von den meisten Autoren[6]) vertreten, weshalb hierauf Bezug genommen wird. Auch die Postanweisungsgeschäfte der Post fallen unter Art. 272 und zwar Art. 272 Z. 2.

---

[1]) Endemann Handelsr. S. 659. Mittelstein S. 17.

[2]) Dambach S. 4.

[3]) Goldschmidt Handelsr. L S. 617.

[4]) Staatsr. Bd. II S. 16.

[5]) Reichsoberhandelsgericht f. Bd. XII S. 315; Bd. XIII S. 133/4; Bd. XXII S. 217; und R.-G.-Entsch. in Civils. Bd. XX No. 12

[6]) z. B. Eger 1 S. 24; Schott S. 285, 291; Meili Transportanstalten S. 92.

Sie sind aber keine Geldtransportgeschäfte, sondern Geldgeschäfte der Neuzeit, wie solche von Bankiers oder Geldwechslern[1]) betrieben werden, deren Natur unten näher erörtert wird.

Liegen sonach 3 Arten von Geschäften der Post, — sie bilden ihre Hauptaufgabe — vor, welche ihrer Natur nach, wenn gewerbemässig betrieben, — Handelsgeschäfte sein können, so frägt es sich nur, ob nach geltendem Rechte diese Geschäfte auch wirklich Geschäfte des Privatverkehrs sind, ob der Staat nicht vielmehr sie der Herrschaft des Privatrechts entzogen hat. Denn die Anwendbarkeit des Kaufmannsbegriffes auf die Post setzt das Vorhandensein von Privatrechtsgeschäften voraus.

In der That sind nach den französischen Auffassungen[2]) über das Postrecht die Verhältnisse der Post zum Publikum rein öffentlich rechtliche und dem Gebiete des bürgerlichen Rechts entrückt. Die Post tritt in Frfüllung ihrer Aufgabe weder in private noch öffentlich-rechtliche Vertragsverhältnisse[3]). Allein mit Recht wird von Seidel[4]) betont, dass der Betrieb von Verkehrsanstalten durch den Staat nicht mit Naturnotwendigkeit unter das öffentliche Recht fällt, sondern dass es hiezu einer ausdrücklichen Bestimmung durch den Gesetzgeber bedarf. Dass eine solche nicht in der Aufstellung des Postzwangs noch in dem Postmonopol liegt, bedarf keiner weiteren Ausführung, da Träger dieser und ähnlicher Vorrechte auch Privatpersonen sein können[5]).

---

[1]) Schott § 369, 1; Endemann Handelsr. § 160 No. 2; Thöl Handelsr. § 28 No. 7; Schmidt S. 40. Mittelstein S. 17.

[2]) Otto Mayer: Theorie des franz. Verwaltungsrechtes S. 323 ff.

[3]) Seydel Bd. V. S. 514.

[4]) Seydel Bd. V. S. 515.

[5]) Vergl. auch Reichsoberhandelsg. f. B. XII S. 316 u. Seydel B. V S 516.

Ebensowenig liegt eine Unterstellung unter das öffentliche Recht in der Verpflichtung der Staatspost gewisse Geschäftszweige in ihren Betrieb aufzunehmen und innerhalb desselben ihre Thätigkeit einem jeden zu widmen. Eine derartige Verpflichtung kann sich auch gegen Privatunternehmer richten und ist bezüglich der Frachtgeschäfte der Eisenbahnen durch Art. 422 des H.-G.-B. auch ausdrücklich aufgestellt.

Nun hat aber der Gesetzgeber durch eine Gesetzesvorschrift die Natur des Verhältnisses zwischen Post und Publikum selbst als Vertragsverhältnis gezeichnet, indem nach § 50 P.-O. die Vorschriften des Reglements als Bestandteil des Vertrages zwischen der Postanstalt und dem Absender, bezw. Reisenden gelten sollen, und dieses Vertragsverhältnis als ein privatrechtiches erklärt durch die weitere Bestimmung, dass für die Postanstalten die Bestimmungen über die Frachtgeschäfte des Handelsrechtes subsidiär zur Anwendung kommen sollen (Art. 421 und 449 II.-G.-B.). Und man darf es auch als unzweifelhaft bezeichnen, dass Streitigkeiten aus den Verträgen mit der Post Zivilstreitigkeiten sind.

Es erübrigt sonach nur den zweiten Punkt, die Gewerbemässigkeit des postalischen Geschäftsbetriebes zu untersuchen.

Über diesen Punkt herrscht grosser Streit der Meinungen. Unstreitig ist nur, dass der private postalische Postbetrieb ein gewerbemässiger sei; dagegen wird von einem Teil der Schriftsteller die Gewerbemässigkeit des staatlichen Postbetriebes mit Rücksicht auf dessen Zweck in Abrede gestellt[1]).

---

[1]) Besonders Goldschmidt, Zeitschrift Neue Folge VIII. S. 305. „Dieses Gewerbe ohne Gewinnabsicht, dieser Kaufmann aus Menschenliebe, Gemeinsinn u. s. w., als Wohlthäter der Menschheit erscheinen mir als nach der Studierlampe riechende homunculi, als Fantasiegebilde, Pseudogewerbe, Pseudokaufleute. weiter nichts."

Da die Postanstalt eine im Interesse der Landes-
wohlfahrt zu keinem Vermögensgewinn errichtete Staatsverkehrsanstalt sei, so könne deren Geschäftsbetrieb
auch kein Gewerbebetrieb sein.

Zunächst ist den Vertretern dieser Meinung darin
beizupflichten, dass aus der Thatsache der Entgeltlichkeit der postalischen Thätigkeit kein durchschlagender
Grund gegen die Richtigkeit dieser Ansicht abgeleitet
werden könne.

Dies ist eine regelmässige Eigenschaft sämtlicher
vom Staat gewährter Dienstleistungen.[1]

Auch muss zugegeben werden, dass sich der Betrieb der Postgeschäfte durch den Staat von dem durch
Private in dem Punkte unterscheidet, dass letzterer
wohl stets und auch ausschliesslich den Zweck eines
Vermögensgewinnes verfolgt.

Allein damit ist der Begriff der Gewerbemässigkeit
nicht ausgeschlossen.

Denn erstens gehört zu dessen Merkmalen die
Gewinnabsicht überhaupt nicht. Ein gewerbmässiger
Betrieb ist ein berufsmässiger und entgeltlicher Betrieb.[2]
„Die Gewinnabsicht bildet allerdings das regelmässige
Motiv der Gewerbeausübung und man mag dann von
einem Gewerbe im engeren Sinne sprechen. Da die
Gewinnsabsicht jeder ökonomischen Thätigkeit zu Grunde
liegt, so kann auf keinen Fall sie das Motiv sein,
welches zur gesetzlichen Ausscheidung der Handelsgeschäfte und des Handelsrechtes von den übrigen Geschäften und dem allgemeinen bürgerlichen Recht geführt hat."

So definierte auch der Entwurf des H.-G.-B.
I. Lesung (Protokoll S. 781 und S. 5050) den Begriff

[1] Seydel: Bd. V. S. 513.
[2] Schott: S. 292 Note 14 und die dort citierten; Mittelstein S. 16; Seydel Bd. V S. 513; Roch, Zeitschrift für das
gesamte Handelsrecht (1865) S. 413.

des Frachtführers in Art. 331: Frachtführer ist derjenige, welcher gegen L o h n den Transport von Gütern zu Lande, auf Flüssen und Binnengewässern ausführt.

Beide Merkmale, die Berufsmässigkeit, wie die Entgeltlichkeit, treffen aber auf den staatlichen Postbetrieb zu und sohin auch der Begriff des Kaufmanns auf die Post.

Jedoch selbst wenn man ferner in den Begriff der Gewerbemässigkeit das Merkmal der Gewinnsabsicht aufnehmen wollte, so würde man trotzdem zu keinem anderen Schluss gelangen.

Es ist zwar nicht zu verkennen, dass die Post als Staatsverkehrsanstalt eine gemeinnützige Anstalt zur Hebung und Förderung des Verkehrs im Staate und somit des nationalen Wohlstandes ist, die die Wohlfahrt der Staatsangehörigen zum Zwecke hat, allein ebenso richtig ist es, dass dies nicht ihr alleiniger Zweck ist.

Abgesehen davon, dass ihre Einrichtung zur unmittelbaren Befriedigung von Staatsbedürfnissen auf dem Gebiete des Militärwesens sowie auf die anderen Gebieten der Staatsverwaltung dient, soll dieselbe auch eine staatliche Einnahmequelle bilden.

„Der vielfach erhobenen Anforderung, dass der Staat im Postwesen das reine Gebührenprinzip zur Durchführung bringen, also auf Überschüsse, vielleicht auch auf Verzinsung und Amortisation des aufgewandten Kapitals verzichten solle, steht die Betrachtung gegenüber, dass der allgemein fördernde und bildende Charakter der Post, die sogenannte Kulturmission derselben, doch wohl bedeutend überschätzt, dass ihre Leistungen mit jenen des Schulunterrichts, des Gerichtswesens u. s. w. nicht auf eine Linie gestellt werden können." [1])

So wenig dies einem Idealpolitiker annehmbar zu

---

[1]) **E h e b e r g** § 52.

sein scheint, und so diskutabel auch die Angemessenheit oder Unangemessenheit dieses Zweckes sein mag, so wenig wird der Realpolitiker, welcher dem Gange der Staatsverwaltung folgt, darüber in Zweifel sein, dass die Post diesem Zwecke dient.

Die betreffenden Verhandlungen der Volksvertretungskörper geben genügend Aufschluss über das Bestreben der Regierung diese bedeutenden Einnahmequellen, sich zu erhalten und darüber, wie schwer sie sich entschliessen, dieselben durch Ermässigung der Tarife zu schmälern.

Zu welchem Zwecke die gewonnenen Einnahmen verwendet werden, ist naturgemäss auf die Gewerbemässigkeit eines jeden Betriebes und so auch des postalischen ohne Einfluss.

Steht sohin fest, dass der Staat durch den Betrieb der Postgeschäfte auch den Zweck sich eine Einnahmequelle zu erschliessen verfolgt, so kommt es auch auf den Umstand nicht an, dass dieser Zweck nicht der alleinige oder Hauptzweck des Geschäftsbetriebes ist [1] Es genügt, dass dieser Zweck überhaupt vorhanden ist.

Es verdient ferner hervorgehoben zu werden, dass Art. 4 H.-G.-B. nicht lautet: Als Kaufmann ist anzusehen, wer ein Gewerbe, das Handelsgeschäft zum Gegenstand hat, betreibt, sondern: wer gewerbemässig Handelsgeschäfte betreibt. Mit anderen Worten: der Betrieb der Handelsgeschäfte muss sich seiner äussern Erscheinung, seiner Form nach als ein Gewerbe darstellen[2]. Unter Art. 4 des H.-G.-B. fällt nicht blos, was ein Gewerbe ist, sondern auch was, wie ein Gewerbe betrieben wird.

---

[1] Schott S. 292; Gareis, Commentar S. 17 Nr. 2; Seydel Bd. V S. 513.

[2] Schott S. 292; Laband (2. Aufl.) II 1 S. 53; Mittelstein S. 16.

In diesem Sinne sagt auch L a b a n d (l. c.) dass, wenn auch noch so grosse politische und volkswirtschaftliche Interessen mit der Postverwaltung verknüpft sein mögen und diese auch noch so sehr die finanziellen überwiegen mögen, dennoch die F o r m, in welcher der Staat diese Interessen realisiert, die privatwirtschaftliche des Gewerbebetriebes ist.

Aus diesen Gründen muss daher die Gewerbemässigkeit des postalischen Geschäftsbetriebes bejaht werden.

Damit sind aber die beiden Merkmale, welche den Kaufmannsbegriff im Sinne des H.-G.-B. erfordert, gegeben.

D i e P o s t i s t a l s K a u f m a n n a n z u s e h e n[1]).

II. Die Folgerungen, welche sich aus dem gewonnenen Satze ableiten, liegen teils auf dem Gebiete des öffentlichen Rechtes[2]) teils des Privatrechtes.

Für das Prozessrecht ergibt sich hieraus der Satz, dass die Bestimmung des § 101 des G.-V.-G. auch auf die Post-Anwendung findet und sohin Klagen seitens der Post oder gegen die Post aus Geschäften, welche auf Seiten beider Kontrahenten Handelsgeschäfte sind, zur Zuständigkeit der Kammer für Handelssachen und des Reichsgerichtes unter Ausschluss des bayerischen obersten Landesgerichtes nach dem Gesetz vom 12. Juni 1869 und § 8 des G. V. G. gehören.

Für das Privatrecht ergibt sich daraus die Folge, dass, weil die Post ein Kaufmann ist und ihre Geschäfte Handelsgeschäfte sind, der Art. 1 des H.-G.-B. auf die Post anwendbar ist, denn es liegen in ihren Geschäften Handelssachen vor. In Handelssachen aber kommen,

---

[1]) So auch Reichs-O.-H.-G.-R. XII S. 314—816; (Plenarbeschluss vom 2. Januar 1874) XVII S. 127; XXIII S. 11.

[2]) G o l d s c h m i d t Handelsrecht I S. 619; D a m b a c h S. 5; v. d. Osten S. 6.

insoweit das H-.G.-B. keine Bestimmungen enthält, die Handelsgebräuche und in deren Ermangelung das allgemeine bürgerliche Recht zur Anwendung.

Es gelten sonach für die Postanstalten subsidiär nicht blos die Bestimmungen des H.-G.-B. in Art. 390—420 und im V. Buch[1]) sondern auch die übrigen Bestimmungen des H.-G.-B.[2]) und für die in Art. 273 Abs. 2 erwähnte Anschaffung von Geräten, Material und andern beweglichen Sachen, welche bei dem Betriebe des Gewerbes unmittelbar benüzt oder verbraucht werden sollen, gelten die Bestimmungen des H.-G.-B. mangels eines postalischen Sonderrechtes, sogar primär.

---

[1]) Goldschmidt, Handelsrecht I S. 619; Dambach S. 5; v. d. Osten S. 5.

[2]) Mittelstein S. 17.

III. Abschnitt.
Die Geschäfte der Post.
§ 8. Einteilung derselben.

Die Geschäfte, mit welchen die Post sich zu befassen hat, teilen sich nach geltendem Rechte in solche, welche ihr durch die Postordnungen und solche, welche ihr durch andere Vorschriften übertragen sind.

Die letzteren kommen bei gegenwärtiger Darstellung ausser Betracht.

Die ersteren aber gliedern sich nach der Reichspostordnung in

    I. Postsendungen §§ 1—44.
    II. Estafettensendungen § 45.
    III. Personenbeförderung §§ 46—57.
    IV. Extrapost und Kurierbeförderung §§ 58—65.

Nach der bayer. P.-O. in

    I. Briefpostdienst §§ 1—43.
    II. Zeitungsdienst §§ 44—64.
    III. Packetpostdienst §§ 65—104.
    IV. Estafettendienst §§ 105—114.
    V. Personenbeförderungen §§ 115—140.

Für eine rechtliche Betrachtung des Wirkungskreises der Post ist diese aus Verwaltungsrücksichten gemachte Unterscheidung weder von Bedeutung noch brauchbar.

Es wird vielmehr im Folgenden versucht, diese einzelnen Geschäfte nach der Verschiedenheit ihrer rechtlichen Natur und nach ihren Inhalt gegliedert zur Darstellung zu bringen.

Demnach unterscheiden sich dieselben:

    I. In solche welche eine Beförderung
        1. von Sachen
        2. von Personen
    II. Eine Vermittlung von Geldgeschäften und Einholung von Wechselaccepten.

III. den Zeitungsvertrieb
zum unmittelbaren Gegenstand haben.

Mit diesen in den drei Abteilungen angeführten
Arten von Geschäften verbinden sich Nebengeschäfte,
welche auf den Inhalt des Geschäftes abändernd ein-
wirken.

Abgesehen wird hiebei von den Verkaufsgeschäften
der Postwertzeichen und Formulare.

I. Abteilung.
Reine Beförderungsgeschäfte.
§ 9. Gegenstand derselben.

Zu den Sachen, deren Beförderung die Post unmittelbar zum Gegenstande hat, gehören nach der Reichspostordnung[1])

1. Briefe.
2. Drucksachen.
3. Waarenproben.
4. Pakete.
5. Postkarten.
6. Zeitungen,

nach der bayr. P.-O.[2])

1. Briefe und Schriftensendungen.
2. Drucksachen unter Band.
3. Waarenproben.
4. Postkarten.
5. Aktenpakete in portofreien Staatsdienst-
sachen und auch Reichsdienstsachen[3]).
6. Gelder und Päkereien jeder Art.
7. Zeitungen.

---

[1]) §§ 1, 12, 13.
[2]) §§ 2, 59, 65.
[3]) Im Vergleiche mit § 64 c.

Hervorzuheben ist, dass nach der Reichspostordnung

Briefe im Gewichte über 250 gr.

Drucksachen im Gewichte über 1 klgr.

Waarenproben im Gewichte über 250 gr.

als Packete gelten und behandelt werden (§ 1 II P.-O.), während nach der bayr. P.-O.[1]) ausserdem noch alle Briefe und Schreiben mit angegebenem Werte und alle Aktensendungen in portofreien Staats- oder Reichsdienstsachen über 500 gr. als Packetpostsendungen befördert werden.

Das Meistgewicht der Paketpostsendungen betägt nach beiden Postordnungen 50 klgr.

Diese Gegenstände müssen ausserdem rücksichtlich ihrer Beschaffenheit noch einzelnen Vorschriften genügen.

Dieselben beziehen sich auf die Aufschrift der Sendungen §§ 2 und 5 der R.-P.-O. und V. O. vom 9 Mai 1889. bezw. §§ 5, 69, 70, 71 und 72 der bayr. P.-O.

und auf die Beschaffenheit des Inhaltes, wonach sie entweder von der Postbeförderung überhaupt ausgeschlossen sind

§ 11 der R.-P.-O. bezw. § 19 und § 67 bayr. P.-O.

Jeder Paketpostsendung muss ausserdem eine Begleitadresse beigegeben sein (§ 3 P.-O.).

§ 10 Rechtliche Natur dieser Beförderungsgeschäfte.

Über die rechtliche Natur der Geschäfte der Post, so weit die Beförderung von Sachen in Betracht kommt, sind bislang 5 Meinungen aufgestellt.

Nach der 1. Ansicht ist das Rechtsgeschäft ein Vertrag des öffentlichen Rechtes.

---

[1]) § 65 abgeändert durch Bekanntmachung des Ministeriums des kgl. Hauses und des Aeussern vom 1. Januar 1890

Nach der 2. Ansicht ist das Rechtsgeschäft eine obligatia ex lege des Privatrechts.

Nach der 3. Ansicht ist das Rechtsgeschäft ein Mandat.

Nach der 4. Ansicht ist das Rechtsgeschäft eine locatio conductio operarum.

Nach der 5. Ansicht ist das Rechtsgeschäft eine locatio conductio operis.

Die Richtigkeit dieser Meinungen zu untersuchen soll die Aufgabe der nächsten Zeilen sein.

Nach der ersten Ansicht bewegt sich die Post bei Eingehung der Rechtsgeschäfte überhaupt nicht auf dem Boden des Privatrechts, sondern des öffentlichen Rechts.

Diese Ansicht wurde früher von v. Linde[1]) und wird neuerdings von Zorn[2]) vertreten und zwar mit Rücksicht auf die Regalität der Post, bezw. die Eigenschaft der Post als einer Staatsverkehrsanstalt.

Diese Meinung ist mit Einstimmigkeit von allen Seiten verworfen.

Wesshalb das Civilrecht für die Post nicht gelten solle, entbehrt jedes Grundes. Die Widerlegung dieser antiquierten Auffassung findet sich bereits bei Rompe . in Goldschmidts Zeitschrift XI. S. 35 ff. und schon bei Cnyrim[3]).

Inwiefern der Umstand, dass gemäss § 48 R.-V. das Postwesen als eine einheitliche Staatsverkehrsanstalt eingerichtet und verwaltet worden ist, auf die Stellung der Post von Bedeutung ist, ist bereits im vorigen Abschnitte erörtert worden. Es kann nur wiederholt werden, dass damit noch lange nicht die Geschäfte der

---

[1]) Über die Haftverbindlichkeit der Postanstalt 1859. S. 47.

[2]) Staatsrecht des deutschen Reiches. 1883. Bd. II. S. 15.

[3]) de res personasve transportandi obligatione quam cum posta contrahimus.

Post der Herrschaft des bürgerlichen Rechtes entzogen sind und dass in diesem Punkte selbst diejenigen übereinstimmen, welche die Kaufmannseigenschaft der Post leugnen. Von den letztern bezeichnet Goldschmidt es als einen geradezu abenteuerlichen Gedanken, den Postbeförderungsvertrag dem öffentlichen Rechte zuzuweisen.[1]

Gegen diese öffentlich rechtliche Auffassung spricht, wie bereits gezeigt, überdies der Wille des Gesetzgebers in den Art. 421 und 449 des H.-G.-B. und § 50 des P.-G.

Die Geschäfte der Post sind damit als Verträge des Privatrechts klar bezeichnet.

Eine weitere Ansicht über die rechtliche Natur der Transportgeschäfte der Post ist begründet worden von Schott.[2]

Nach dieser besteht zwischen Post und Absender überhaupt kein Vertragsverhältnis weder des öffentlichen noch privaten Rechts, sondern eine obligatio ex lege. Die Post betreibe ihre Geschäfte zwar in privatwirtschaftlicher Form und deshalb seien ihre Geschäfte auch Privatrechtsgeschäfte, sie fielen aber keineswegs unter den Begriff eines konstitutiven obligatorischen Vertrags, weder des Mandats, noch der locatio conductio operis, noch des Frachtvertrags noch eines besonderen Postbeförderungs- oder Posttransportvertrags. Sie seien einfach Erfüllung einer gesetzlichen Obligation. Die Post werde auf die Aufforderung eines Absenders hin, ihrer gesetzlichen Obligation thätig.

Diese Konstruktion beruht kurz gesagt auf einer Verwechselung der Verpflichtung der Post, Beförderungsgeschäfte einzugehen und der Verpflichtung der Post aus dem eingegangenen Beförderungsgeschäfte.

---

[1] Handelsr. I. S. 622.
[2] S. 540.

Die Ansicht von Schott gründet sich auf § 3 des P.-G., wonach die Post die Annahme und Beförderung von Postsendungen nicht verweigern darf, sofern die Bestimmungen des P.-G. und des Reglements beobachtet sind.

Zunächst mag hervorgehoben werden, dass eine Reihe ähnlicher durch Rechtsvorschriften ausgesprochener Verpflichtungen von Anstalten und Unternehmungen existiert.

So bestimmt der Art. 422 H.-G.-B. Eine Eisenbahn, welche dem Publikum zur Benützung für den Gütertransport eröffnet ist, kann die bei ihr nachgesuchte Eingehung eines Frachtgeschäfts für ihre Bahnstrecke nicht verweigern.

So bestimmt das Bankgesetz in § 14: die Reichsbank ist verpflichtet, Barrengeld zum festen Satz von 1392 ℳ. das Pfund fein gegen ihre Noten umzutauschen.

So bestehen eine Reihe von andern ähnlichen Verpflichtungen für Münzstätten, für Apotheken, für öffentliche Schankwirtschaften, für Fiaker und Droschkenführer u. s. w.

In allen diesen Rechtsvorschriften kommt aber keineswegs die Auffassung zum Ausdruck, dass mit der einseitigen Aufforderung einer Person aus dem Publikum gegenüber der betreffenden Anstalt das gewollte Rechtsverhältnis, Kauf, Miete u. s. w. perfekt sei, sondern nur, dass die Anstalt in dieses Rechtsverhältnis einzutreten verpflichtet sei. Sie darf die Eingehung des Rechtsverhältnisses nicht verweigern, aber sie kann es; sie bricht damit nicht die Pflicht einen geschlossenen Vertrag zu erfüllen, sondern die Pflicht einen Vertrag zu schliessen.

Dies ist die in Theorie und Praxis unbestrittene Bedeutung der erwähnten Vorschriften.

Nicht anders aber steht es mit dieser Verpflichtung der Post.

4 *

Es wäre zwar denkbar, dass der Gesetzgeber durch eine ausdrückliche Bestimmung das Verhältnis zwischen Post und Absender in der Weise bestimmte, dass das Rechtsverhältnis mit der einseitigen Aufforderung des Absenders entstünde, und sohin das Rechtsgeschäft ein einseitiges Rechtsgeschäft wäre, dessen Rechtsbestand von der dem Gesetze und Reglement entsprechenden Aufforderung des Absenders abhängig sein würde.

Allein ebensogut steht auch der zweite Weg offen, die Post wie andere öffentliche Anstalten zu verpflichten einen Vertrag unter gewissen Umständen einzugehen.

Ob er diesen oder jenen Weg einschlagen will, ist lediglich eine Frage der Gesetzgebungspolitik.

Ob er dieses oder jenes gewählt hat, beantwortet sich aber nach der vom Gesetzgeber getroffenen Bestimmung.

Der Gesetzgeber hat jedoch der Post die weniger weitgehende letztere Pflicht auferlegt und in zwei Gesetzesstellen zum Ausdruck gebracht.

Die erste ist der § 50 des P.-G. Abs. 2.

Diese Vorschriften gelten als Bestandteil des Vertrages zwischen der Postanstalt und dem Absender, bezw. Reisenden.

Mag nun auch, allerdings mit Unrecht, die Einverleibung der Bestimmungen der Postordnung in den Beförderungsvertrag für überflüssig widersprechend und unmöglich gehalten werden, so kann doch damit nicht in Abrede gestellt werden, dass der Gesetzgeber selbst das Verhältnis zwischen Post und Absender als Vertrag klar bestimmt hat, und somit die Post nicht durch einseitiges Rechtsgeschäft des Absenders verpflichtet wissen wollte.

Dieser Wille kommt übrigens auch unzweideutig zum Ausdruck gerade in dem von Schott verwendeten § 3 des P.-G.

Denn derselbe bestimmt nicht nur, dass die Post die Beförderung von Postsendungen nicht verweigern dürfe, sondern auch die Annahme von Postsendungen. Die Post muss sohin eine Annahmehandlung vornehmen. Dieselbe ist aber keine Erfüllung des Rechtsgeschäftes.

Dies ist die Beförderung, wie das Gesetz sich ausdrückt. Dieselbe ist also eine vor die Ausführung des Rechtsgeschäfts fallende Handlung.

Sie ist die Handlung, durch welche das Rechtsverhältnis perfekt wird. Es liegt sohin ein zweiseitiges Rechtsgeschäft, ein Vertrag vor.[1]

Die Annahmehandlung der Post ist nichts anderes als die Acceptation der von dem Absender gemachten Offerte.

Damit ist die Lehre von Schott widerlegt.

Nur zur Vervollständigung mag noch auf andere Gründe, welche von Laband,[2] Mittelstein[3]), Tinsch[4] angeführt werden, verwiesen werden.

Eine dritte Ansicht über die Natur dieses Beförderungsgeschäftes findet sich unter anderen vertreten von Karstens (Archiv für civilistische Praxis XXXVII. S. 209 ff.).

Dieselbe, wie die folgenden, von der Natur des privatrechtlichen Vertrages ausgehend, bezeichnet dasselbe als ein Mandat.

Eine Stütze findet diese Meinung in der Bestimmung des § 29 der Reichspostordnung, wonach der Absender einer Postsendung dieselbe zurücknehmen oder ihre Aufschrift ändern lassen kann, solange die Sendung

---

1) Vgl. auch § 19 VIII. Z. 7 bayr. P.-O. „aus dem mit dem Absender eingegangenen Postbeförderungsvertrage“.

2) Laband: Bd. II, S. 295 u. 327 ff.

3) S. 9.

4) S. 3 u. 4.

dem Empfänger noch nicht ausgehändigt worden ist und in der ähnlichen Bestimmung in den §§ 24 und 88 der bayer. P.-O., wonach Brief- und Packetpostsendungen von dem Absender vor deren Zustellung an den Empfänger zurückgenommen oder in ihrer Aufschrift geändert werden können.

Allein diese Stütze ist nur eine scheinbare.

Stellt man sich auf den Standpunkt der strengeren Ansicht[1] über die Natur des Auftrags, so fehlt ihm zweifellos ein Merkmal dieses Vertrags: die Unentgeltlichkeit.

Aber auch nach der andern Auffassung,[2] welche die Entgeltlichkeit des Auftrages zugesteht, lässt sich unser Vertrag nicht unter den Begriff des Mandats bringen.

Denn auch diese geht von dem Satze in l. 1 § 4 D. 17. 1 aus: Mandatum nisi gratuitum nullum est; nam originem ex officio atque amicitia trahit; contrarium ergo est officio merces; interveniente enim pecunia res ad locationem et conductionem potius respicit.

Auch nach dieser Meinung ist der Auftrag seiner Natur nach unentgeltlich; jedoch verträgt er nicht blos die freiwillige Hingabe, sondern auch das Versprechen eines Honorars.[3]

Die Entgeltlichkeit des Postbeförderungsvertrages bildet aber ein essentiale negotii,[4] die des Auftrages ein accidentale, nicht einmal ein naturale, geschweige denn ein essentiale negotii.

----

[1] Von den Neueren z. B. Wendt, Pandekten 1888. S. 601.

[2] z. B. Holzschuher III, § 273; Seufferts Archiv VIII, 254; XII, 269; Windscheid, Pand. 1887. Bd. II, S. 569; Baron 1887. S. 520.

[3] l. 6 pr. l. 7 D. 17. 1; l. 1 cod. 4. 35.

[4] Die Bestimmungen des Ges. über die Portofreiheiten ändern daran natürlich nichts.

Dieses Geschäft ist ferner seitens der Post bei Beobachtung der Bestimmungen des Gesetzes und des Reglements unwiderruflich und vom Tode des Absenders unbeeinflusst.

Es treffen sohin die gemeinrechtlichen Grundsätze des Mandats auf unsern Vertrag nicht zu.[1])

Eine andere Ansicht hält diesen Beförderungsvertrag für eine locatio conductio operarum.

Dass diese Ansicht nicht das Richtige trifft, ist schon eingehend dargethan von Cnyrim.[2])

(„Qui cum postis contrahit, solum de effectu scilicet de re vel persona in alium locum movendis neque de singulis, quibus hoc fiat, operis sentit, atque operis gubernationem postae prorsus concedit.")
sowie von Rompe,[3]) Gerber,[4]) Windscheid[5]).

Der durchschlagende Grund gegen diese Auffassung ist eben, dass nicht die Miete einer nach Zeit und anderen Umständen zu bethätigenden Arbeitskraft der Post, sondern nur ein bestimmtes Arbeitsresultat, ein bestimmter Erfolg Vertragswille ist.

In Würdigung dieses Umstandes hat man eine weitere Konstruktion des Postbeförderungsvertrages versucht.

Ausgehend von dem Frachtgeschäfte des H.-G.-B. geht die heute ganz allgemein anerkannte Lehre dahin, dass auch der Postbeförderungsvertrag, wenn man ihm eine Stellung im Pandektensystem anweisen will, unter den Begriff der locatio conductio operis falle.

-----

[1]) Eine weitere ausgeführte Widerlegung dieser wohl überwundenen Ansicht findet sich noch bei den Vertretern der 5. Ansicht.

[2]) de respersonasve transportandi obligatione quam cum posta contrahimus p. 17/19.

[3]) Goldschmidt's Ztschr. XI, p. 50 ff.

[4]) Deutsches Privatr. (12 A.) § 163.

[5]) Pandekten (1887) § 401.

Vertreter dieser Ansicht sind: Thöl, Handels-recht III p. 7, Puchta. Pandekten § 365, Gerber, deutsches Privatrecht (12A.) § 183, Dambach l. c. S. 4; Meili, Haftpflicht S. 30, Rompe l. c. S. 40; Höpfner, Archiv für civil. Praxis XXXVI S. 20; Koch, Frachtgeschäft der Eisenbahnen bei Gold-schmidt VIII S. 404; Müller, die de recepto actio, S. 71; Cnyrim l. c. S. 18/19; Schellmann, recht-liche Natur des Postbeförderungsvertrages S. 10 f.; Windscheid, (1887) Pand. § 401, Note 11 u. 11a; Eger, das deutsche Frachtrecht (1879) Bd. I, S. 4 ff.; Vogel, l. c., S. 10; v. d. Osten, l. c., S. 44; Mittel-stein, l. c., S. 12 u. a. m.

Die Gründe für diese Meinung sind bereits mittel-bar in der vorausgehenden Widerlegung der übrigen Meinungen enthalten.

Denn es ist bereits dargelegt worden, dass unser Beförderungsgeschäft ein Vertrag und zwar des Privat-rechts und dass er weder ein Mandat noch eine locatio conductio operarum ist.

Er ist vielmehr eine Art des handelsrechtlichen Frachtvertrage. Dieser ist unbestritten in Theorie und Praxis als locatio conductio operis anerkannt und daher wird auch der Postbeförderungsvertrag als ein Werk-verdingungsvertrag bezeichnet.

Prüfen wir nun nach den in der herrschenden Lehre feststehenden Grundsätzen über die locatio con-ductio operis unsern Postbeförderungsvertrag, so finden wir: die Werkmiete hat zum Inhalte einen mit Hilfe von Arbeit und durch sie zu erzielenden Erfolg, durch dessen Herstellung allein der Kontrakt erfüllt wird, und zwar gegen Entgelt,[1]) oder wie Windscheid es

---

[1]) Wendt, Pand. § 261.

formuliert,[1]) der Mieter ist verpflichtet, das versprochene Arbeitsresultat gegen das Mietgeld herzustellen, oder wie Seuffert sich ausdrückt,[2]) ein Contrahent übernimmt auf Bestellung eines andern die Ausführung eines Werkes (opus) in der Art, dass der versprochene Preis nicht sowohl für die dazu erforderlichen Dienste und Arbeit, sondern vielmehr für das ausgeführte Werk entrichtet werden soll.

Vergleichen wir hiemit unsern Beförderungsvertrag, so finden wir, dass derselbe wirklich den Inhalt der Werkmiete hat; denn dem Absender ist es nur darum zu thun, dass der Beförderungsgegenstand durch die Post an den Bestimmungsort gelangt, nur um das Resultat des Transportes.

Dessgleichen ist der Vertrag, abgesehen von gesetzlichen Ausnahmen, ein entgeltlicher.

Ebenso sind die Endigungsgründe der Obligation, soweit nicht das Spezialrecht besondere Bestimmungen enthält, die gleichen wie bei der Werkmiete.

Es erübrigt sonach nur die Gleichheit der Entstehungsgründe beider Obligationen zu prüfen.

Die locatio conductio operis ist ihrer Entstehung nach ein Consensualkontrakt, d. h. ein Vertrag, welcher nudo consensu entsteht, er bedarf weder die Beobachtung einer bestimmten Form noch einer Leistung.

Das Gleiche gilt für den gewöhnlichen Frachtvertrag nach Handelsrecht.

Auch die Ausstellung des Frachtbriefes ist nicht die Form des Vertragsschlusses, sondern eine Beweisurkunde über einen Vertragsschluss.[3])

---

[1]) l. c. § 401.

[2]) prakt. Pandektenrecht Bd. II, § 333.

[3]) Makower, Kommentar zum H.-G.-B. 1890, S. 454, Nr. 3; Gareis, Kommentar zum H.-G.-B. 1891, S. 821, Nr. 12.

Er wird geschlossen nudo consensu.

Und deshalb wird auch der Postbeförderungs-vertrag nach der herrschenden Lehre, nachdem, wie es scheint, alle Merkmale der Werkmiete zutreffen, für eine locatio conductio operis erklärt.

§ 12. Meinung des Verfassers.

Diese Merkmale treffen in Wirklichkeit nicht zu.

Es ist hiebei meines Erachtens ein Punkt über-sehen, nämlich der, dass der Vertrag der Post, welcher die Beförderung von Sachen zum unmittelbaren Gegen-stand hat, sich in einer Hinsicht grundsätzlich von dem gewöhnlichen Frachtgeschäfte des Titels V, Buch !V des H.-G.-B. unterscheidet, nämlich hinsichtlich des Ent-stehungsgrundes.

Die locatio conductio operis wird perfekt nudo consensu, durch blosse Willensübereinstimmung über res und pretium, unser Postbeförderungsvertrag nur re, durch Hingabe und Annahme des Beförderungsgegen-standes.

Mit anderen Worten die locatio conductio operis ist ein Consensualvertrag, unser Beförderungsvertrag dagegen ein Realvertrag.

Allerdings ist bei dieser Unterscheidung der beiden Geschäfte erst zu fragen, ob eine solche nach heutigem Recht überhaupt möglich ist, da die Existenz von Real-verträgen geleugnet wird.

Verfasser glaubt sich unbedenklich der Meinung von Autoritäten, wie Windscheid,[1] Brinz,[2] Dern-

---

[1] Pand. 1887, Bd. II, § 312, Note 4 u. 5.
[2] Pand., Bd. II, § 248, Note 4.

burg,[1]) Seuffert,[2]) Baron,[3]) Wendt[4]) anschliessen
zu dürfen, wonach auch im heutigen Rechte die Realverträge existieren.

Haben wir nach diesen Zeugnissen nun eine
genügende Grundlage für die Aufstellung eines neuen
Realvertrags, so ist die Ansicht, warum die Postbeförderungsverträge Realverträge sind, näher zu be-
gründen.

Es ist zunächst eine Erfahrungsthatsache, dass die
Briefe, Postkarten, Drucksachen, Packete u. s. w., deren
Beförderung beabsichtigt wird, entweder in die Briefkästen eingelegt oder der betreffenden Postanstalt übergeben werden und dann von hiezu berufenen Beamten
der Postanstalt geprüft und je nach dem Resultat der
Prüfung entweder zur Beförderung angenommen oder
von denselben zurückgewiesen werden.

Ebenso liegt es zu Tage, dass niemand von der
Post etwa die Beförderung eines bestimmteu Packets
an eine bestimmte Adresse fordert, die Post unter der
Bedingung der Vorschriftsmässigkeit der Postsendung
die Beförderung zusagt und dass dann nach Stunden
oder Tagen die Gegenstände in Ausführung der Verab-
redung zur Beförderung gegeben und übernommen werden.

Vielmehr entsteht unser Beförderungsvertrag lediglich dadurch, dass der Absender den Beförderungsgegenstand reglementmässig übergibt und die Post ihn annimmt.

Ganz anders aber liegt die Sache bei dem gewöhnlichen Frachtgeschäft.

Dasselbe entsteht in den häufigsten Fällen dadurch,

---

[1]) Pand., 2. A., Bd. 11, § 8, S. 22.
[2]) Pand., 3. A., Bd. 11, § 309.
[3]) Pand. 1887, S. 849.
[4]) Pand. 1888, S. 478.

dass der Absender den Frachtführer von dem Verlangen der Beförderung mündlich oder schriftlich benachrichtigt und besteht darin, dass der Frachtführer darauf am Abholungsorte sich einfindet und die Güter zur Beförderung in Empfang nimmt.

In diesem alltäglichen Vorgang offenbart sich ganz unzweideutig die Natur des Consensualvertrags.

Es wird das Vertragsverhältnis seitens des Absenders, — obwohl auch dies möglich ist, — nicht dadurch angebahnt, dass er die Beförderungsgegenstände dem Frachtführer übergibt und dieser sie in Empfang nimmt; und es ist ebenso sicher, dass das Vertragsverhältnis des Frachtgeschäfts vorliegt, wenn der Frachtführer auf das Verlangen der Beförderung hin eine bejahende Antwort erteilt und nach dem Inhalte der Erklärungen die Beförderung des Frachtgutes in einem spätern Zeitpunkt erfolgen soll.

Bei dem gewöhnlichen Frachtgeschäft ist die blosse Übergabe und Annahme des Gutes zur Beförderung zwar eine mögliche, aber nicht die einzige oder gar regelmässige Art des Vertragsschlusses.

Dagegen ist bei unserem Beförderungsvertrage die Übergabe des Beförderungsgegenstandes die einzige vorkommende Art des Vertragsschlusses.

Und sie ist auch zugleich die einzige gewollte und mögliche Art des Vertragsschlusses.

Liegt es schon an sich in dem Wesen des postalischen Geschäftsbetriebes die Geschäfte möglichst zu vereinfachen und dieselben im Interesse der Schnelligkeit und Sicherheit, sowie die Billigkeit der Beförderung auf eine möglichst einfache Form zurückzuführen und das Beförderungsgeschäft nicht in zwei Akte, dem mündlichen oder schriftlichen Vertragsschluss und dessen Ausführung zu zerspalten, so gelangt diese Absicht überdies in dem Postgesetze wie in den Postordnungen unzweideutig zum Ausdruck.

Zunächst kennt unser Postrecht keine andere Thätigkeit des kontrahierenden Absenders als: die Einlieferung der Postsendungen, Abgabe der Postsendungen, Einlegen, Aufgabe der Postsendungen, Übergabe der Postsendungen, Postsendung zur Einlieferung, zur Aufgabe zu bringen, ebenso bezeichnet es die Kontrahierungshandlung der Post mit Annahme der Postsendungen.

So bestimmt ferner die Reichspostordnung[1]) über den Beförderungsvertrag bei gewöhnlichen Briefen, Postkarten u. s. w.

Insofern der Umfang und die sonstige Beschaffenheit der betreffenden Gegenstände nicht ein Anderes bedingen, sind[2]) gewöhnliche Briefe, ferner Postkarten, Drucksachen und Warenproben mittels der Briefkasten zur Einlieferung zu bringen. Es ist auch gestattet, derartige Sendungen den Postbegleitern, Postillonen und Postboten, (Beförderern von Botenposten), wenn dieselben sich unterwegs im Dienste befinden, sowie den Führern der zu Postzwecken dienenden Privatfuhrwerke zu übergeben.

Es ergibt sich aus dieser Vorschrift mit Bestimmtheit, dass die einzige zulässige und gewollte Thätigkeit des Absenders bei Eingehung eines Vertrages mit der Post zur Beförderung von gewöhnlichen Briefen, Postkarten und Warenproben das Einlegen der Sendungen in den Briefkasten oder deren Übergabe an Bedienstete der Post ist.

Vergleicht man hiemit die Vorschriften der bayerischen P.-O. § 18, so bestimmt auch sie: die Brief-

---

[1]) § 24, Abs. II
[2]) Nicht wie Mittelstein, S. 58 sagt: „können".

postsendungen können zunächst durch Einlegen in die zu deren Anfnahme bestimmten Briefkästen, sodann durch Abgabe am Schalter aller Postanstalten mit Briefpostdienst oder an die Landpostboten während der Ausführung ihres Botengangs zur Aufgabe gebracht werden.

Die Briefkästen sind nur zur Aufnahme gewöhnlicher Briefpostsendungen bestimmt, welche uneingeschrieben befördert werden sollen.

Auch hieraus ergibt sich, dass die Thätigkeit des Absenders bei Eingehung des Vertrages von Beförderungen von Briefpostsendungen (abgesehen von den Bestimmungen in Abs. IV. — X des § 18 der P.-O.) nur bestehen kann im Einlegen der Sendungen in die Briefkästen, oder in der Abgabe der Sendungen am Schalter der Postanstalt oder an die Landpostboten.

So bestimmt auch § 24 Abs. I. der R.-P.-O. allgemein: Die Einlieferung der mit der Post zu befördenden Sendungen muss, soweit dieselben nicht in die Briefkästen zu legen sind, bei den Postanstalten an der Annahmestelle geschehen.

Damit eine Beförderung verlangt werden, eine Offerte, welche die Post acceptieren muss, gemacht werden kann, ist notwendig die Einlieferung der Sendung. Ähnlich bestimmt auch § 75 der R.-P.-O.: Die Einlieferung bei den Postanstalten muss während der Dienststunden und wenn die Versendung des eingelieferten Gegenstandes mit der nächsten dazu geeigneten Post erfolgen soll, vor der Schlusszeit dieser Post geschehen.[1]

---

[1] Nach diesen Bestimmungen beantwortet sich auch die von Sehling, Sammlung handelsrechtlicher und wechselrechtlicher Fälle (1891) Z. 115 aufgegebene Frage, ob in dem Aufhängen von Briefkästen seitens der Post eine Offerte liege, welche durch Hineinstecken der Briefe vom Absender angenommen werde.

Und so weisen fast alle hier einschlägigen §§ der R.-P.-O. und der bayr. P.-O. darauf hin, dass die Offerte des Absenders bei den hier behandelten Verträgen nur

---

Abgesehen davon, dass hierin überhaupt keine Offerte liegt, könnte dieselbe lediglich eine Offerte ad incertam personam sein. Hält man nun eine solche, was bestritten ist, allgemein für zulässig, so muss dieselbe doch so bestimmt sein, dass dieselbe durch die blosse Zustimmung des Acceptanten die Natur einer individuell bestimmten Obligation erhält. Dies ist nicht der Fall. Ungewiss ist nicht nur die Person des Absenders, sondern auch der Gegenstand, Brief, Postkarte u. s. w., wie der Bestimmungsort und Zeit der Beförderung, sowie die Person des Empfängers. Eine solche Offerte entbehrt jeder rechtlichen Bestimmtheit und ist keine Offerte.

Vielmehr ergibt sich aus den angezogenen Stellen, dass die Post die Aceptantin bei diesem Vertrag ist (cf. z. B. § 3 P.-G. die Annahme der Postsendungen durch die Post) und dass das Aufhängen der Briefkästen nur die Gewährung einer Hinterlegungsstelle ist, von welcher die Post die Postsendungen zwecks Annahme abzuholen sich bereit erklärt.

Höchst eigentümlich ist die Auffassung v. d. Ostens, S. 24 über die Perfektion des Beförderungsvertrages bei Benützung der Briefkästen: „Sowie der Brief in dem Kasten liegt, ist die Offerte des Absenders von der Post unter den im P.-G. und der P.-O. allgemein aufgestellten Bedingungen stillschweigend acceptiert und der Vertrag perfekt. Der Briefkasten ist der stumme Bote der Post. Der Vertrag wird geschlossen, ohne dass der eine Contrahent, die Post, auch nur eine Ahnung davon hat." — Diese Auffassung verstösst gegen alle Rechtsgrundregeln. Jede Acceptation ist eine Handlung; die einzige Handlung, die nach dieser Darstellung in Frage käme, wäre das Einlegen in den Briefkasten: Dies ist aber eine Handlung des Absenders und dieser ist der Offerent! Dass die Offerte eines Contrahenten aber zugleich die Acceptation des anderen Contrahenten sei, ist eine mehr wie gewagte Behauptung.

Wenn mit dem Einlegen in den Briefkasten der Vertrag perfekt ist, so ist nicht einzusehen, was mit demselben die Botenaufaufgabe des Briefkastens zu thun hat; zu dem Bonnot, der Briefkasten sei der stumme Bote der Post ist zu bemerken, dass dieser „Bote" nicht blos stumm, sondern auch taub, blind und lahm ist. Er ist weiter nichts als ein verschlossener Raum, von welchem die Post die für sie bestimmten Sendungen abholt.

durch Geben, das Accept der Post nur durch Nehmen der Sendung erfolgen kann.

Mit anderen Worten diese Verträge sind contractus, qui re fiunt.

Aber auch die Bestimmungen des P.-G. unterstützen diese Anschauungen.

Es ist bereits im vorigen § darauf hingewiesen worden, dass, wenn in § 3 Satz 1 des P.-G. der Post verboten ist, die Annahme und Beförderung von Postsendungen zu verweigern, damit die Vertragsnatur des Beförderungsgeschäftes zum Ausdruck gelangt.

Denn die Post nimmt eine auf das Offert des Absenders gerichtete Annahmehandlung vor und muss sie vornehmen.

Dieses Accept besteht aber in der Annahme der Postsendung und setzt deren Übergabe voraus.

Daraus ergibt sich also, die Post ist nur verpflichtet eine Offerte des Absenders zu acceptieren, wenn die Postsendung ihr übergeben wird.

Die vom Gesetze geforderte Art der Offerte ist die Übergabe der Postsendung.

Diese Anschauung findet ihre weitere Stütze in § 6 des P.-G.

Die Eingangsworte lauten: Die Postverwaltung leistet dem Absender im Falle reglementmässig erfolgter Einlieferung Ersatz.

Auch daraus geht hervor, dass sich die Post nur dann verpflichten will, wenn die Beförderungsgegenstände vom Offerenten, vom Absender eingeliefert sind.

Verfasser glaubt daher an der Hand dieser Gründe berechtigt zu sein, seine Ansicht dahin auszusprechen: Die herrschende Ansicht von der Natur des Postbeförderungsvertrages (Abteilung I) als einer locatio conductio operis ist nicht haltbar.

Dieser Beförderungsvertrag ist ein Realvertrag.

Seinem Inhalt nach der Werkmiete gleich, ist er der Entstehung nach von derselben grundsätzlich verschieden.

Er gehört nicht unter eine Art der römischen vier Realkontrakte, sondern ist ein dem modernen Postrecht eigentümlicher Realvertrag, der in der Rechtssprache mit dem fast allgemein angenommenen Namen „Postbeförderungsvertrag" bezeichnet werden mag. [1]

Zum Schluss mag noch die Bemerkung gestattet sein, dass auch das schweizerische Transportgesetz von 1875 seinen Transportvertrag für einen Realvertrag erklärt; denn es bestimmt in Art. 11, dass der Vertrag erst geschlossen wird durch Übergabe des Gutes zum Transport; und dass auch unter den französischen wie italienischen Rechtsgelehrten lebhafter Streit geführt wird, ob der Frachtvertrag nach ihrem Rechte ein Realvertrag sei. [2]

---

[1] Als solcher ist er auch bereits in der bayr. P.-O. § 99 VIII, Z. 7 bezeichnet.

[2] cf. Vogel, S. 16 und Note 19, 20, 21.

II. Abteilung.

Geldübermittelungsgeschäfte der Post.

§ 12.   Einteilung.

Die zweite Gruppe von Geschäften, mit welchen sich die Post beschäftigt, sind die auf Vermittelung von Geldgeschäften und Einholung von Wechselaccepten gerichteten Geschäfte.

Unter dieselben fallen:

    I. Die Postanweisung,
    II. der Postauftrag,
    III. die Postnachnahme.

Die Postanweisung wird gemäss ihrer Bedeutung zunächst im Folgenden zur Darstellung gelangen:

I.   Die Postanweisung.

§ 13.   Gegenstand des Geschäfts.

Die einzige gesetzliche Bestimmung über die Postanweisung findet sich in § 6 Abs. 4 des P.-G., die übrigen Bestimmungen sind in den Postordnungen enthalten.

Die Hauptvorschriften sind in § 16 und 17 der R.-P.-O. (Postanweisungen und telegrafische Postanweisungen), bezw. § 13 und 14 der bayer. P.-O.

Nach § 16 Abs. 1 R.-P.-O. übermittelt die Post — eine gesetzliche Pflicht zur Betreibung dieses Geschäftes existiert nicht — im Wege der Postanweisung Geldbeträge bis zu 400 ℳ einschliesslich.

Hiezu sind besondere Formulare notwendig.

Diese können nur (§ 16 III R.-P.-O.) durch die Postanstalten bezogen werden. Den Absendern ist nicht gestattet, für eigene Rechnung hergestellte Formulare zu Postanweisungen postmässig zu verwenden.

Über den eingezahlten Betrag wird ein Einlieferungsschein erteilt (§ 16 VII).

Die Auszahlung des angewiesenen Betrages erfolgt, nachdem der Empfänger die auf der Postanweisung befindliche Quittung vollzogen hat, gegen Rückgabe der Postanweisung.

Die Erhebung des Geldbetrages bei der Postanstalt am Bestimmungsorte muss spätestens innerhalb 7 Tage, vom Tage der Aushändigung der Postanweisung an den Empfänger gerechnet, erfolgen (§ 16, IX).

Der Absender einer Postanweisung kann dieselbe zurücknehmen bis zur Aushändigung an den Empfänger; dagegen ist eine Abänderung der Aufschrift nicht zulässig (§ 29, R.-P.-O.)

Gleiche Vorschriften enthält die bayer. P.-O.

Bemerkenswert ist die Fassung derselben über den Zweck der Postanweisung § 13, I.

Mittels Postanweisung können Zahlungen an bestimmte Empfänger . . . . . bis zum Betrage von 400 $\mathscr{M}$. einschliesslich durch die Briefpost bewirkt werden.

Nach Abs. VI sind die Formulare ausschliesslich bei den Postanstalten zu beziehen.

Nach Abs. XII ist die Übertragung der Postanweisung auf einen Dritten, sowie die Einhebung der Summe bei einer andern Postanstalt als jener des Bestimmungsortes, ausser im Falle ordnungsmässiger Nachsendung unzulässig.

Über die Einzahlung wird dem Absender bei der Aufgabe ein auf den eingezahlten Betrag lautender Aufgabeschein unentgeltlich erteilt (Abs. XIV). Diesem

4*

entspricht nach R.-P.-O. § 16 Abs. VII der über den eingezahlten Betrag zu erteilende Einlieferungsschein.

Von den über die telegrafische Postanweisung geltenden Vorschriften sind hervorzuheben : § 17 R.-P.-O. die Überweisung der auf Postanweisung eingezahlten Beträge kann auf Verlangen des Absenders durch Vermittelung des Telegrafen erfolgen . . . . Falls ein solches Verlangen ausgesprochen wird, liegt die Ausfertigung des Telegramms, mittelst dessen die Überweisung erfolgt, der Postanstalt des Aufgabeortes ob . . . .

Die Auszahlung des angewiesenen Betrages erfolgt gegen Rückgabe des mit der Quittung des berechtigten Empfängers versehenen Überweisungstelegrammes und § 14 der bayer. P.-O.

Auf Postanweisung eingezahlte Beträge können auf Verlangen des Absenders . . . . . auch auf telegrafischem Wege der Postanstalt am Bestimmungsorte zur Auszahlung überwiesen werden . . . . .

Die Ausfertigung der Postanweisung und deren Aufgabe hat der Absender in gewöhnlicher Weise zu bewirken; die Ausfertigung des Überweisungstelegrammes an die Postanstalt des Bestimmungsortes hat durch die Aufgabepostanstalt zu erfolgen.

Die Auszahlung des angewiesenen Betrages erfolgt gegen Rückgabe des mit der Quittung des Empfängers versehenen Überweisungstelegrammes.

Der thatsächliche Vorgang bei dem Postanweisungsgeschäfte ist daher: Der Absender liefert ein vorschriftsmässig ausgefülltes Formular bei der Postanstalt ein und zahlt gleichzeitig den in demselben genannten Geldbetrag ein.

Der dienstthuende Beamte trägt nach den Vorschriften der Dienstinstruktion die Postanweisung in das Annahmejournal ein, füllt den durch einen Strich von dem übrigen Raum des Formulars getrennten untern

Teil der Postanweisung durch Eintragung des eingezahlten
Geldbetrages, der Nummer der Postanweisung, des Auf-
gabebezirks und Aufgabeorts aus, versieht ihn mit seiner
Unterschrift und Aufgabestempel und stellt dann dem
Absender den Ablieferungs- bezw. Aufgabeschein aus.

Bei der telegrafischen Postanweisung tritt dann
noch die Ausfertigung des Überweisungstelegrammes
hinzu.

Daran schliesst sich die Beförderung des Post-
anweisungformulars durch die Post. Die Postanstalt
des. Bestimmungsortes stellt dasselbe dem Empfänger,
eventuell gleichzeitig mit einem aus ihrer Kasse ent-
nommenen entsprechenden Geldbetrag zu.

Gegen Vollzug der Quittung seitens des Empfängers
den umstehenden Betrag aus der Postkasse empfangen
zu haben, bescheinigt durch Unterschrift: (Ort . . . . .)
(Datum . . . . .) erfolgt dann die Auszahlung des Geldbetrages.

§ 14.   Rechtliche Natur dieses Geschäftes.

Auch dieses Geschäft der Post hat, was seine
rechtliche Natur anlangt, die verschiedensten Beurteilungen
erfahren und es begegnen uns die bei dem Postbeförderungsvertrage entwickelten Ansichten wieder.

1. So ist von S c h o t t wiederum die Ansicht aufgestellt, es liege eine obligatio ex lege vor; das Geschäft sei in der vertragsmässigen Zahlungsanweisung
analoges, jedoch auf Gesetz beruhendes Rechtsverhältnis.

Ich kann mich darauf beschränken, diese Ansicht
als eine nach dem Urteile sämtlicher anderer Schriftsteller unrichtige zu bezeichnen, da die Gründe, aus
welchen der Postbeförderungsvertrag keine obligatio ex
lege ist, in gleicher Weise auf das Postanweisungsgeschäft zutreffen.

Vielmehr muss davon ausgegangen werden, dass dieses Geschäft ein privatrechtlicher Vertrag ist.

Eine andere Ansicht ist aufgestellt von **Mandry**[1]) und vom Landgerichte Hamburg[2]) angenommen worden.

Darnach ist unser Geschäft eine locatio conductio irregularis.

Nach gemeinem Rechte kommt eine locatio conductio irregularis in der zweifachen Form vor, dass eine vertretbare Sache (argentum, aurum) zur Verarbeitung oder zum Transport übergeben wird mit der Verpflichtung zur Ausführung der Arbeit entweder an der übergebenen Sache oder an einer Sache der nämlichen Art.

Für unser Geschäft käme nur der Fall des Transportes in Frage. Die Sache, welche hiebei den Gegenstand der Beförderung bildet, ist das Postanweisungsformular. Dieses ist infolge der Ausfüllung durch den Absender eine individuell bestimmte Sache, die nur in specie an den Empfänger befördert wird und befördert werden kann.

Die vom Absender eingezahlte Geldsumme wird überhaupt nicht transportiert;[3]) ja es ist geradezu der einzige Zweck dieses Geschäfts, den Transport des Geldes unnötig zu machen.

Es ist sohin das Postanweisungsgeschäft keine locatio conductio irregularis.

Eine dritte weitverbreitete Ansicht ist, dass das Geschäft wie dem Namen, so auch dem Wesen nach eine Anweisung sei.

---

[1]) **Mandry**, Civilr. Inhalt der Reichsgesetze S. 346 ff.

[2]) Entscheidung der II. Civilkammer vom 22. Jan. 1887 in S. Reichsfiskus gegen **Krebs** und **Blume** (II Bd. 941/86).

[3]) **Dambach**, S. 41 Nr. 2; **Tinsch**, S. 7; **Mittelstein**, S. 88/9; **Schott**, § 369 Nr. 3; **Schmidt**, S. 39.

Meili[1]) bezeichnet es als Assignation.

Cohn[2]) als Zahlungsmandat auf irreguläres Depositum.

Gareis[3]) als kaufmännische Anweisung.

Tinsch[4]) als einen mit einer Anweisung untrennbar verbundenen Innominatrelkontrakt.

Die Assignation ist nach herrschender Lehre ein aus zwei Mandaten zusammengesetztes Rechtsgeschäft,[5]) bestehend aus einem vom Assignanten dem Assignaten gegebenen Auftrag zur Zahlung an den Assignatar und einem vom Assignanten dem Assignatar gegebenen Auftrag zur Einkassierung.

Gegen das Mandatsverhältnis zwischen Absender und Post spricht zunächst die essentielle Entgeltlichkeit des Geschäfts.

Gegen dasselbe spricht ferner der Entstehungsgrund der Rechtsverhältnisse.

Die Assignation als Doppelmandat entsteht wie das Mandat. Rechtsbegründend ist für dasselbe die Willensübereinstimmung des Mandanten und Mandatars und zwar die blosse Willensübereinstimmung, nudus consensus.

Die Assignation ist ein Konsensualvertrag.

Daran ändert der Umstand nichts, dass der Vertrag durch Geben und Nehmen der Deckung geschlossen werden kann; auch hier ist die rechtsbegründende Thatsache die in der Annahme der Deckung concludent zum Ausdruck gelangte Willensübereinstimmung.

---

[1]) Haftpflicht S. 102.

[2]) S. 1088 Nr. 27.

[3]) Blätter für Rechtsanwendung B. 54 S. 299 ff.; dieser Ansicht ist auch O.-L.-G. München (II. Senat, Urteil v. 26. September 1888) S. 207/8 daselbst.

[4]) S. 19.

[5]) Seuffert, Pand. II § 341; Cohn, S. 1097; Thöl (4. A.) § 325; Holzschuher, Theorie und Casuistik § 277.

Dagegen entsteht der Postanweisungsvertrag nicht nudo consensu.

Die Post übernimmt nach ihrem wie des Gesetzes Willen die Haftung aus dem Geschäft nicht als Acceptantin eines Zahlungsauftrages, sondern als Empfängerin einer Zahlung des Absenders. Ihre Verpflichtung zur Auszahlung beruht auf der Einzahlung. Die Einzahlung der Geldsumme ist der einzige mögliche Enstehungsgrund des Rechtsverhältnisses.

Es ist daher nicht zu bestreiten, dass dieses Geschäft mit der Post thatsächlich nur eingegangen wird durch Einlieferung eines vorschriftsmässig ausgefüllten Formulars und Einzahlung der in demselben bezeichneten Geldsumme und dass dieses Geschäft nach den Bestimmungen der Postordnungen auch nur durch diese Thätigkeit des Absenders eingegangen werden kann.

Desshalb knüpft auch das P.-G. seine Haftung aus dem Geschäft lediglich an die Thatsache der Einzahlung.

Für auf Postanweisungen eingezahlte Beträge leistet die Postverwaltung Garantie (§ 6 Abs. IV P.-G.).

Es gilt auch für den Postanweisungsvertrag der Satz: contractus re fiunt.

Mit anderen Worten er ist ein Realvertrag.

2. Er ist aber desswegen nicht, wie Cohn meint, ein irreguläres Depositum verbunden mit einem Zahlungsmandat.

Der Unterschied liegt sowohl im Zweck als in den Merkmalen.

Zweck des Depositum ist die Hinterlegung einer Sache zum Zwecke der Verwahrung[1]) und das depositum irregulare hat nur die Besonderheit, dass der Depositar

---

[1]) Windscheid, Bd. II § 377.

lediglich eine gleiche Quantität gleicher Sachen an den Deponenten zurückzugeben verpflichtet ist.

Wird Geld deponiert mit der Abrede es einem Dritten unter einer Bedingung zu geben, so hat der Deponent bei Ausfall der Bedingung nicht die actio depositi gegen den Depositar. Das Geschäft gilt nicht als Depositum.[1]

Der Zweck der Postanweisung ist aber lediglich eine Zahlung unter Vermittelung der Post mit Ersparung des Geldtransportes an einen andern zu machen.

So lautet auch die bayer. P.-O. § 13 I. Mittels Postanweisungen können Zahlungen an bestimmte Empfänger durch die Briefpost bewirkt werden.

Das Geschäft unterscheidet sich auch vom Depositum in seinen Merkmalen.

Das Depositum ist essentiell unentgeltlich,[2] unser Geschäft dagegen essentiell entgeltlich; nur ist beim depositum irregulare die Ausbedingung einer Zinsvergütung zulässig.[3]

Auch ist die Zurückgabe des einbezahlten Betrages an den Absender bei Unmöglichkeit der Auszahlung des Geldbetrages an den Empfänger nicht Vertragserfüllung seitens der Post.

Noch weitere Gründe gegen diese Konstruktion finden sich bei Tinsch und Schmidt,[4] auf welche sich Verfasser zur Vermeidung von Wiederholungen zu beziehen erlaubt.

Nach der bisherigen Darstellung ergiebt sich schon, wie wenig die weitere Ansicht begründet ist, es

---

[1] l. 18 D. 19. 5.
[2] Windscheid, Bd. II § 377; Wendt, S. 592 l. 1 § 8—10 D. 16, 3.
[3] Windscheid, Bd. II § 379 Nr. 2.
[4] S. 17/19 bezw. S. 56/57.

sei die Postanweisung eine schriftliche und zwar eine kaufmännische Anweisung.

Abgesehen von dem Umstand, dass das Geschäft nur durch Einzahlung des Geldes und Ausfüllung des Postanweisungsformulars, die kaufmännische Anweisung nudo consensu eingegangen werden kann, ergeben sich noch weitere Unterschiede. Dieselben gründen in den Bestimmungen des H.-G.-B. über kaufmännische Anweisungen.

Nach Art. 300 ist ein Kaufmann, welcher eine auf ihn ausgestellte Anweisung (Assignation) gegenüber demjenigen, zu dessen Gunsten sie ausgestellt ist, angenommen hat, demselben zur Erfüllung verpflichtet. Die auf eine schriftliche Anweisung geschriebene und unterschriebene Annahmeerklärung gilt als ein dem Assignatar geleistetes Zahlungsversprechen.

Dessgleichen ist nach Art. 301, wer eine solche Anweisung acceptiert hat, demjenigen, zu dessen Gunsten sie ausgestellt ist oder an welchen sie indossiert ist, zur Erfüllung verpflichtet.

Hieraus folgt, dass die Verpflichtung der Post auf Zahlung des Geldbetrages nur entstehen würde durch eine dem Empfänger gegenüber abgegebene Annahmeerklärung oder eine geschriebene oder unterschriebene Annahmeerklärung. Da mündliche Erklärungen im Verkehr mit der Post nicht vorkommen, kommt nur der zweite Fall in Frage.

Nun ist aber erstens die Post zur Auszahlung des Betrages schon und blos durch die Thatsache der Annahme der Einzahlung verpflichtet und ferner eine derartige Annahmeerklärung nicht vorhanden.

Zwar findet G a r e i s eine solche in dem Aufdrücken des Poststempels bei der Ankunftsstation und das Oberlandesgericht München in dem Aufdrücken des Postaufgabestempels.

Allein der betreffende Stempel enthält lediglich die Angabe der Postanstalt sowie das Datum und befindet sich auf jeder Postsendung. Er ist aus Gründen betriebstechnischer Natur angebracht, um den Zeitpunkt der Einlieferung oder der Ankunft einer Postsendung zu kontrollieren und zu konstatieren und bezieht sich lediglich auf die Beförderung des Postanweisungsformulars.[1] Es ist daher mangels jedes positiven Anhalts eine grundsätzlich so verschiedene Bedeutung des Stempels für unser Geschäft nicht einzusehen.[2]

Gegen diese Annahme spricht zweitens die ganze Art, in welcher sich Zahlungsanweisungen grösserer kaufmännischer Institute abwickeln.

Die hiefür vorgeschriebenen Formulare der Reichsbank lauten:

M........... Zahlungsanweisung über Mark ....

Am Tage der Vorzeigung .... belieben .... die Summe von .... an die Ordre .... zu zahlen und der Hauptbank (bezw. uns) in Rechnung zu stellen.

Es wird vorbedungen, dass die Einlösung nach Wahl der Zahlstelle in Metallgeld oder Banknoten, jedoch nicht vor Eingang des Arises erfolgen darf und dass die Reichsbank berechtigt aber nicht verpflichtet sein soll, die Legitimation des Inhabers der Anweisung zu prüfen

.... den ..... ten 189

Reichsbankhauptkasse (bezw. Reichsbankhauptstelle).

Eingetragen.   Eingetragen.

Ein zweites zu baaren Erhebungen bei der Reichsbank mittels weissen Cheks bestimmtes Formular lautet:

---

[1] Tinsch, S. 39.

[2] So auch Tinsch, S. 39 ff.; Schmidt, S. 51 und 85; Mittelstein, S. 90.

№ 0042591	№ 0042591	№	500000

<table>
<tr><td colspan="2" rowspan="7" style="vertical-align:top">
№ 0042591

Ausgehändigt
am ....

....
....
№ ....
Datum ....
....
</td></tr>
</table>

Der Wortlaut dieser Formulare ergibt schon die grosse Verschiedenheit der Postanweisungen des grosskaufmännischen Verkehrs.

Letzteren ist wesentlich:

1. Die Unterschrift des Assignanten.

2. Der Zahlungsauftrag (belieben Sie zu zahlen, wolle zahlen, zahlen Sie).

Die auf dem Abschnitt der Postanweisung sich befindlichen Mitteilungen über die Person des Absenders korrespondieren keineswegs mit dieser Unterschrift des Assignanten. Diese Mitteilungen sind gar nicht für die Post bestimmt und können ganz unterbleiben.

Ebensowenig kommt in der Postanweisungsurkunde irgendwie ein Auftragsverhältnis zum Ausdruck. Sie enthällt nur die eingezahlte Summe und die Adresse des Empfängers. Schliesslich ist der Geschäftsgang bei den kaufmännischen schriftlichen Anweisungen ein ganz anderer als bei unserem Geschäfte.

Thöl[1]) bemerkt zu ersteren: Der Assignant stellt

---

[1]) So auch Schmidt, S. 9 ff. über die Bedeutung dieses Abschnittes.

die Urkunde in der allgemein üblichen Form aus, händigt sie dem Assignatar ein und dieser präsentiert sie dem Assignaten. Der letztere erfährt den ihm erteilten Zahlungsauftrag ebenso häufig erst durch diese Präsentation, wie durch ein ihm direkt zugestelltes Benachrichtigungsschreiben. Der Assignatar präsentiert meist nur zu dem Zwecke, damit der Assignat den Auftrag erfahre und damit er Zahlung mache, zuweilen auch, damit er sich erkläre, ob er den Auftrag annehmen und also ihm, dem Assignatar, die Zahlung machen wolle, die verneinende Erklärung wird fast ausnahmslos mündlich, die bejahende regelmässig schriftlich auf der Urkunde und zwar gewöhnlich durch das eine Wort „acceptiert" oder „angenommen" oder durch ein gleichgeltendes gegeben, wie z. B. „die Anweisung wird acceptiert," gegeben.

Bei der Postanweisung dagegen gibt der Absender das vorschriftsmässig ausgefüllte Formular nicht etwa dem Empfänger, sondern er liefert dasselbe bei der Einzahlung der Postanstalt ein.

Sodann präsentiert der Empfänger nicht eine Urkunde, die der Postanstanstalt noch gar nicht zugegangen ist, der Postanstalt, sondern umgekehrt: Die Postanstalt bestellt die Urkunde an den Empfänger, damit dieser sich über die Annahme erkläre.

Der Assignatar präsentiert, um zu ersehen, ob die Anweisung des Assignanten vom Assignatar angenommen wird und mit der bei der Präsentation abgegebenen Erklärung wird die Anweisung erst perfekt.

Die Post dagegen präsentiert dem Empfänger, um die von ihr bereits eingegangene Verbindlichkeit zu erfüllen und um zu ersehen, ob der Empfänger die Zahlung annehmen wolle.[1]

Verfasser glaubt hiemit genügende Anhaltspunkte

---

[1] So auch Schmidt, S. 48.

für die Unrichtigkeit der Meinung von Gareis angeführt zu haben.[1])

Selbstverständlich ist die Postanweisung nach gegenwärtigem Recht nicht indossabel.[2])

Dagegen ist, wie Schmidt S. 40 bemerkt ein anderes Geldgeschäft der Banken sehr verwandt mit unserem Postanweisungsgeschäft.

Die Formulare hiezu, wie sie von der Reichsbank benützt werden, lauten:

Empfangsbescheinigung.

Reichsbank

Von .... haben wir heute .... Mark buchstäblich .... gezahlt erhalten, um diese Summe durch die Reichsbankstelle in .... an .... wieder auszuzahlen zu lassen, sobald derselbe sich zur Empfangsnahme des Geldes bei ihr melden wird. Die Quittung über die erfolgte Auszahlung wird dem Einzahler nicht ausgeliefert, verbleibt vielmehr im Besitz der Bank.

Es wird vorbedungen, dass die Einlösung nach Wahl der Zahlstelle in Metallgeld oder Banknoten, jedoch nicht vor Eingang des Avises erfolgen darf.

Eine Zession dieser Bescheinigung ist unstatthaft.

.... den .... ten 189

Reichsbankstelle.

Die Quittung über eine derartige Einzahlung lautet:

Quittung.

Die bei der Reichsbank .... in .... sub ℳ ....
von .... für .... eingezahlte Summe von Mark ....
buchstäblich .... habe .... von der Reichsbankstelle in
.... richtig ausgezahlt erhalten.

.... den .... ten 189

etc. etc.

---

[1]) Noch weitere finden sich bei Mittelstein S. 90 ff.; Schmidt, S. 40 ff.; Tinsch, S. 38 ff.

[2]) Vergl. § 13 Abs. XII der bayer. P.-O.; Schmidt, S 87; Tinsch, S. 41.

Unser Geschäft unterscheidet sich aber (und dies ist von Schmidt S. 44[1]) nicht hervorgehoben) doch in vielen Beziehungen von der Empfangsbescheinigung und der Quittung. Denn es kommt der Post gegenüber die Person des Einzahlers gar nicht in Betracht, und er braucht auch gar nicht genannt zu sein.

Ferner entspricht die Empfangsbescheinigung nicht dem Postanweisungsformular, sondern dem Einlieferungs- bezw. Aufgabeschein.

Diese wird dem Einzahler ausgehändigt, jenes verbleibt in den Händen der Post.

Sie unterscheidet sich aber auch vom Einlieferungs- bezw. Aufgabeschein. Diese dient dazu einen Empfänger zur Erhebung des Betrages zu legitimieren, jene hat die Natur einer blossen Quittung.

Mit Recht dagegen wendet sich Schmidt S. 92 ff. gegen Tinsch, der, nachdem er in richtiger Weise das Postanweisungsgeschäft seiner Entstehung nach als einen Realvertrag gekennzeichnet hat, inkonsequent zu dem Schluss kommt, der Postanweisungsvertrag sei ein mit einer Anweisung untrennbar verschmolzener unbenannter Realkontrakt.[2]

Es ist vorerst nicht einzusehen, wie ein und dasselbe Geschäft ein Real- und Konsensualvertrag zugleich sein solle.

Ferner sind auch die Gründe, welche Tinsch hiezu bewegen, nicht weniger wie durchschlagend.

Der erste Grund liegt, nach Tinsch, in dem Umstande, dass nach heutigem Recht mit einem römisch-

---

[1] S. 44 sagt er: Hienach ist dabei stehen zu bleiben, dass der sg. Postanweisungsverkehr der Sache nach dasselbe ist, wie der Ein- und Auszahlungsverkehr der Bank im Wege der Empfangsbescheinigungen.

[2] S. 19: Das Postanweisungsgeschäft ist als ein mit einer Anweisung untrennbar verschmolzener unbenannter Realkontrakt aufzufassen.

rechtlichen Innominat-Realkontrakt ein Reurecht nicht mehr verbunden ist.

Da nun aber nach § 29 der R.-P.-O. wie § 24 der bayer. P.-O. der Absender einer Postanweisung berechtigt ist, dieselbe zurückzunehmen, solange dieselbe dem Empfänger noch nicht ausgehändigt ist, so könne ein reiner Innominatrealkontrakt nicht vorliegen.

Dieses Widerrufsrecht ist aber eine allen Postsendungen eigentümliche Befugnis.

Und so wenig man bei den andern Postsendungen desswegen eine Modifikation des Rechtsverhältnisses angenommen hat, so wenig ist man hiezu bei dem Postanweisungsgeschäfte genötigt. Tinsch musste eben dann das Vorhandensein des Innominatrealkontraktes ganz leugnen.

Vielmehr ist durch die erwähnte römisch-rechtliche dispositive Bestimmung nicht ausgeschlossen, dass die Kontrahenten ein Reurecht vereinbaren, und die P.-O. bildet einen Bestandteil des zwischen Post und Absender geschlossenen Vertrages.

Der zweite Grund ist nach Tinsch der Umstand, dass sich aus der Annahme eines blossen Realkontraktes nicht das beim Postanweisungsgeschäfte zwischen dem Absender und Adressaten begründete Obligationsverhältnis, das Einkassierungsmandat, erklären lasse.

Nun ist aber die Assignation ein Doppelmandat, ein Zahlungs- und ein Einkassierungsauftrag, ein Zahlungsauftrag aber besteht, wie Tinsch[1] selbst ausführt, zwischen Post und Absender nicht, sondern ein Realkontrakt; es bliebe so eine halbe Assignation übrig. Dies ist unmöglich. Sobald eines der Mandate bei einem Rechtsverhältnisse fehlt, ist dieses eben keine Assignation.[2]

---

[1] S. 13—17.
[2] So auch Thöl, Handelsr. (5. Aufl.) § 327.

Zudem ist gar nicht einzusehen, in welcher Handlung der Auftrag liegen sollte.

Die Adressierung — das ist von vielen Seiten[1]) schon hervorgehoben — ist kein solcher, sondern lediglich die Erklärung des Absenders, an wen die Auszahlung des Geldes erfolgen solle und dieselbe ist ein Bestandteil des Vertrages des Absenders mit der Post.

Es kann daher Verfasser sich nur den von Schmidt gegen diese Auffassung angegebenen Ausführungen anschliessen.[2])

Vielmehr ist der Postanweisungsvertrag ein einheitlicher, ein dem römischen Rechte unbekannter Realvertrag.

Er entsteht durch Geben und Nehmen der Geldsumme und der Postanweisung und erzeugt keine andere Verpflichtung als die der Post zum Abschluss eines abstrakten solutorischen Rechtsgeschäfts mit dem vom Absender bezeichneten Adressaten, zum Abschlusse eines abstrakten Traditionsvertrages mit dem Empfänger für eine gleiche, wie die eingezahlte Geldsumme.

Durch Auszahlung des Betrages befreit sich die Post von ihrer eigenen Verbindlichkeit. Welche Wirkungen diese Tradition zwischen Empfänger und Absender haben soll, ist der Post gleichgültig. Sie will weder zu Gunsten des Empfängers einen Vertrag abschliessen, noch irgendwie als Stellvertreter für den Absender handeln:[3])

II. Der Postauftrag.

§ 15. Gegenstand des Geschäfts.

Die Post besorgt in der Form des Postauftrages drei verschiedene Arten von Geschäften.

---

[1]) Laband, Bd. II. S. 188; Schmidt, S. 95.

[2]) Die Gründe finden sich bei Schmidt vortrefflich ausgeführt auf S. 25 ff. und S. 98 ff.

[3]) Dies ist meines Erachtens mit vollem Recht in vorzüglicher Weise im einzelnen erörtert von Schmidt S. 25.

1. den Postauftrag zur Einziehung von Geldbeträgen.

2. den Postauftrag zur Einholung von Wechsel-accepten.

3. Den Postauftrag zu Büchersendungen.

Die Grundlage für diese Geschäfte bilden die Bestimmungen der §§ 19, 20 und 20a der R.-P.-O. und § 15, 16 und 17 der bayer. P.-O.

Die Bestimmungen der R.-P.-O. sind mehrfach verändert durch spätere Verordnungen des Reichskanzlers vom 12. März 1883, 21. März 1886, 4. Juli 1888 und 9. Mai 1889.

Die wesentlichsten Vorschriften, welche für diese Geschäfte gelten, sind folgende:

1. Nach § 19 I können im Wege des Postauftrags Gelder bis zum Betrage von 600 $\mathcal{M}$. einschliesslich eingezogen werden. Durch Verordnung vom 9. Mai 89 ist das Maximum auf 800 $\mathcal{M}$. festgesetzt.

Ebenso lautet die bayer. P.-O., nur dass sie als Adressaten einen „Zahlungspflichtigen" verlangt.

Die formellen Vorschriften sind folgende:

Es ist ein von der nach § 19 XVIII R.-P.-O. zu beziehendes Formular vom Auftraggeber durch Angabe seines Namens und Wohnortes, des Namens und Wohnortes des Zahlungspflichtigen, sowie des einzuziehenden Betrages auszufüllen.

Die Marksumme muss in Zahlen und in Buchstaben ausgedrückt sein. (Abs. III R.-P.-O.)

Zu schriftlichen Mitteilungen darf der Postauftrag nicht benützt werden. (Abs. IV R.-P.-O.)

Ebenso die bayer. P.-O. in § 15 Abs. II u. III.

Der Postauftrag muss nebst Anlagen (quittierte Rechnung, quittierter Wechsel, Zinsschein u. s. w. unter verschlossenem Umschlage an die Postanstalt, welche die Einziehung bewirken soll, als Einschreibsendung abgesandt werden. Dieser eingeschriebene Brief ist mit der Aufschrift „Postauftrag nach ... (Name der Postanstalt) zu versehen (§ 19 Abs. VII u. II R.-P.-O. und § 18 IV bayer. P.-O.)

Briefe dürfen den P.-A. als Anlagen nicht beigefügt werden. (§ 19 Abs. IV R.-P.-O., § 15 Abs. V bayer. P.-O.)

Nur ist nach der bayer. P.-O. § 15 noch gestattet unverschlossene Anlagen auch dann, wenn dieselben nicht blosse Quittungen darstellen, sondern daneben oder abgesondert briefliche Mitteilungen enthalten, beizufügen.

Die P.-A.-Briefe müssen frankiert werden (§ 19 IX, § 15 XIII).

Soll die Vorzeigung des P.-A. an einem bestimmten Tage geschehen, so darf die Einlieferung des P.-A. nicht früher als sieben Tage erfolgen. Eine derartige Bestimmung ist gestattet (§ 19 VII, XVI, bezw. § 15 VI).

Ebenso eine Weitersendung an einen andern Empfänger (§ 19 XIV, § 15 VII). Über den P.-A.-Brief wird ein Einlieferungsschein, bezw. ein Aufgabeschein erteilt. (§ 19 VIII, bezw. § 15 XI.)

Über den Vollzug des P.-A. ist zu bemerken:

Die Einziehung des Betrags erfolgt gegen Vorzeigung des P.-A. und Aushändigung der quittierten Anlagen.

Die Zahlung ist entweder sofort an den Postboten oder wenn der Auftraggeber nicht die sofortige Rücksendung verlangt hat, binnen sieben Tagen nach der Vorzeigung des P.-A. bei der einziehenden Postanstalt zu leisten. Erfolgt die Zahlung innerhalb dieser Frist nicht, so wird der P.-A. vor der Rücksendung nochmals zur Zahlung vorgezeigt. Als Zahlungsverweigerung gilt nur eine diesfallsige Erklärung des Zahlungspflichtigen selbst oder dessen Bevollmächtigten. Hatte der Zahlungspflichtige oder dessen Bevollmächtigter bereits bei der ersten Vorzeigung die Zahlung endgültig verweigert, so unterbleibt die nochmalige Vorzeigung.

Teilzahlungen werden nicht angenommen (§ 19 X bezw. § 15 VII).

Wird die Zahlung verweigert Zahlungspflichtige nicht ermittelt, so wird der P.-A. nebst Anlage mittels eingeschriebenen Briefes kostenfrei zurückgesandt (§ 19 XIII).

Ist der Betrag eingezogen worden, so wird derselbe dem Auftraggeber mittels Postanweisung übermittelt (§ 19 XI).

Dem Belieben des Absenders bleibt es überlassen, dem P.-A. gleich das ausgefüllte P.-Anw.-Formular beizufügen. Eine solche P.-Anw. darf auf den Betrag bis zu 800 M. lauten (§ 19 XII nach der Fassung der V.-O. vom 9. V. 89 bezw. § 15 X).

Hiezu werden P.-Anw.-Formulare benützt, auf deren Vorderseite oben rechts ein Vordruck für die Nummer des P.-A. sich befindet. Der Postabschnitt zeigt folgenden Vordruck:

Eingezahlt vom Postamt .... in .... Mk.
.... Pfg. Bemerkungen:
Postauftrag an .... in ... . vom ....
...........Kassenzeichen...........Buchungs-Nr...........

Die Postnachnahmequittung lautet wie bei der gewöhnlichen P.-Anw.

2. Über die zweite Art des P.-A. finden sich in der P.-P. § 20, bezw. § 16 folgende Bestimmungen:

Im Wege des P.-A. können auch Wechsel an den Bezogenen behufs Einholung der Annahmeerklärung versendet werden (§ 20 I, § 16 I).

Die Formvorschriften sind folgende:

Zu diesem P.-A. sind besondere, nur von der Post zu beziehende Formulare zu verwenden (§ 20 II, bezw. § 16 II).

Auf diesen müssen bestimmte Angaben vom Absender auf die Vorderseite des Formulars gemacht werden, nämlich der Name und Wohnort des Bezogenen, der Betrag des Wechsels, der Name des Auftraggebers und sein Wohnort.

Gewisse Angaben an gleicher Stelle sind in das Belieben des Auftraggebers gestellt, so: der Tag der Fälligkeit des Wechsels und die etwaige Nummer des Wechsels (§ 20 II, § 16 III). Die Rückseite des Formulars dient zur Aufnahme etwaiger Bestimmungen, ob der P.-A. nach einmaliger vergeblicher Vorzeigung zurück oder an eine andere Person weiter gesandt oder einer zur Protesterhebung befugten Stelle übergeben werden soll.

Zu schriftlichen Mitteilungen an den Bezogenen darf das Formular nicht verwendet werden (§ 20 II. § 16 III).

Dem P.-A. sind die zum Zweck der Annahme vorzuzeigenden Wechsel beizufügen. Briefe dürfen nicht beigefügt werden.

Der P.-A. nebst Wechsel ist in einem verschlossenen Umschlage als eingeschriebener Brief an diejenige Postanstalt abzusenden, welche die Accepteinholung bewirken soll. Der Brief ist mit der Aufschrift „P.-A nach .... (Name der Postanstalt)" zu versehen (§ 20 III, bezw. § 16 IV).

Über den P.-A. wird ein Einlösungs-, bezw. Aufgabeschein erteilt (§ 20 IV, bezw. § 16 VII).

Über den Vollzug des Auftrages ist Folgendes zu bemerken:

Die Vorzeigung des P.-A. und des beigefügten Wechsels erfolgt an den Wechselbezogenen selbst oder dessen Bevollmächtigten.

An Sonnntagen und an gesetzlichen Feiertagen findet die Vorzeigung nicht statt.

Die Vorzeigung geschieht, wie bei der ersten Art von P.-A., mangels besonderer Bestimmung des Auftraggebers, zwei Mal (§ 20 V).

Derselbe kann jedoch für den Fall der ersten vergeblichen Vorzeigung die Zurücksendung, Weitersendung oder sofortige Protesterhebung anordnen. (§ 20 II, IX, X, § 16 III, V, VI.)

Wird nun der Wechsel angenommen (und dies muss schriftlich auf dem Wechsel geschehen), so wird derselbe sofort als eingeschriebener Brief zurückgesandt. (§ 20 VII.)

Wird der Wechsel nicht angenommen, so wird mangels anderer Anordnung des Auftraggebers der P.-A. nebst Anlagen zurückgesandt. (§ 20 VIII); eventuell wird gemäss der Anordnung desselben über Weitersendung oder Protesterhebung verfahren. (§ 20 X, § 16 V u. VI.)

3. Von den für die Postaufträge zu Büchersendungen geltenden Vorschriften sind hervorzuheben:

Den Bücherpostsendungen, d. i. den Sendungen mit Büchern, Musikalien, Zeitschriften, Landkarten und Bildern, soweit sie den Bestimmungen für Drucksachen (§ 13) entsprechen und ein[1]) Gewicht von mehr als 250 gr. haben, darf im P.-A. zur Einziehung der die Sendung betreffenden Rechnung beigefügt werden. (§ 20a R.-P.-O.)

Ebenso bestimmt die bayr. P.-O. § 17 I.

Das Meistgewicht beträgt nach beiden P.-O. 1 kg (§ 1 R.-P.-O. § 11 bayer. P.-O.)

Die bayer. P.-O. enthält noch die weitere Bestimmung, dass im Falle das Mindestgewicht zu 250 gr nicht erreicht wird, die Zurückweisung des P.-A. nicht erfolgt, wenn die Sendung mit 30 ₰ frankiert ist (§ 17 1).

Bezüglich der Formalien ist zu bemerken:

Die Sendung wird nur mit Aufschrift: P.-A. zur Bücherpostsendung Nr. .... (Geschäftsnummer) nach ... . (Name der Postanstalt, in deren Bezirk der Empfänger wohnt) versehen.

Der Sendung muss dann ein Brief mit gleicher

---

¹) Bei Schott S. 573 wie Mittelstein S. 116 findet sich unrichtig statt „ein" „kein".

Aufschrift so fest beigebunden sein, dass sich derselbe unterwegs nicht von der Sendung trennen kann.

Der Brief muss ein gehörig ausgefülltes Formular für P.-A. zur Einziehung von Geldbeträgen, sowie ein ausgefülltes P.-Anw.-Formular (§ 16) enthalten. (§ 20a II, § 17 II).

Auf dem Auftragsformular müssen neben der Überschrift „P.-A." die Worte „zur Bücherpostsendung" mit Geschäftsnummer gesetzt sein. Auf der Rückseite des Formulars muss sich der Vermerk befinden „Ohne Frist" oder folgende Quittungsformel: „Die Anlagen dieses P.-A. habe ich ohne Zahlung des umstehend angegebenen Geldbetrags empfangen. (§ 20a II, § 17 II.)

Eine weitere Abweichung ist, dass die Einschreibung in das Belieben des Absenders gestellt ist. Ein Einlieferungs- oder Aufgabeschein wird nur in diesem Fall erteilt. (§ 20a III, § 17 III.)

Die Abwicklung des Geschäfts vollzieht sich in der Weise, dass der P.-A. nebst Anlagen wie ein P.-A. zur Einziehung von Geldbeträgen vorgezeigt und ausgehändigt wird, jedoch mit bedeutenden Modifikationen.

Wird nämlich die Annahme des P.-A. sofort bestimmt verweigert, oder bei der ersten Vorzeigung einer Sendung, deren P.-A. den Vermerk „ohne Frist" trägt, die Zahlung nicht geleistet, so wird zwar in diesen Fällen die Sendung an den Absender zurückgesandt, in allen übrigen Fällen ist es dem Empfänger überlassen, die Anlagen des P.-A. entweder unter sofortiger Bezahlung des vollen Geldbetrags, welcher auf dem letzteren angegeben ist, oder aber unter dem Verlangen der späteren Berichtigung dieses Betrages anzunehmen. Wird der Betrag nicht sofort berichtigt, so werden dem Empfänger die Drucksachen gegen Vollziehung der Quittung auf der Rückseite des P.-A. ausgehändigt.

Der P.-A. wird sodann nach Ablauf von sieben Tagen nochmals behufs Berichtigung der Auftragssumme vorgezeigt. Erfolgt auch dann die Zahlung nicht, so wird P.-A. und Postanweisung an den Absender zurückgesandt. Eine Zurücknahme der Drucksachen seitens der Post findet jedoch nicht statt. Viemehr bleibt die weitere Abwicklung der Angelegenheit lediglich dem Absender und Empfänger überlassen. (§ 20a IV.)

In diesen Punkten unterscheidet sich der P.-A. wesentlich von der Postnachnahme.

Im Falle der Zahlung wird der Betrag von der Post mittels der beigefügten P.-Anw. übermittelt.

Im Gegensatz zu den übrigen P.-A. ist hier auch eine Anordnung der Weitergabe oder Weitersendung nicht statthaft (§ 20a II, § 17 V).

§ 16. Rechtliche Natur des Geschäfts.

Wie wir schon bei dem Postanweisungsgeschäft gesehen, dass sich dasselbe vom eigentlichen Postbeförderungsvertrage (I. Abschn.) wesentlich unterscheidet, weil der Zweck des Geschäfts gar keine Beförderung einer Sache von Ort zu Ort, sondern die Bewirkung einer Geldzahlung, mit welchem sich als unselbständiges vom Hauptgeschäft abhängiges Nebengeschäft, die Beförderung der Postanweisungsurkunde verbindet, so zeigt sich auch bei den drei Gattungen der P.-Aufträge eine Mehrheit von Geschäften, welche jedoch in einem verschiedenen Verhältnis zu einander stehen. Der P.-A. zur Einziehung von Geldbeträgen, gewissermassen das Gegenteil der P.-Anw. bezweckt Gelder bis zum Betrage von 800 M. von zahlungspflichtigen Personen einzuziehen. Er hat daher ebensowenig wie die P.-Anw. die Beförderung einer Sache von Ort zu Ort zum unmittelbaren Gegenstande. Allerdings muss zur Verwirklichung des Zweckes der Wille des Auftraggebers der Post, bezw. dem Zahlungspflichtigen in der postordnungsmässigen Weise kundgegeben werden und dies geschieht durch Absendung eines eingeschriebenen Briefes, welcher den schriftlichen P.-A. enthält, an die P.-Anstalt, welcher die Einziehung bewirken soll. Allein letzteres Geschäft ist das Mittel zum Zweck.

Es liegen auch hier zwei Geschäfte vor; der schriftliche an die Postanstalt, welcher die Einziehung des Geldbetrags bewirken soll, gerichtete Auftrag und ein mit diesem verbundenes unselbständiges Nebengeschäft, die Beförderung der Einschreibsendung an die zu beauftragende P.-Anstalt. Letzteres hat den Zweck das Verlangen einen bestimmten Geldbetrag von einem Schuldner zu erheben der betreffenden P.-Anstalt zur Kenntnis zu bringen und sie zugleich in den Besitz der Urkunden zu setzen, welche im Zahlungsfall an den Schuldner ausgehändigt werden sollen.

Für das letztere Geschäft gelten daher, was seine rechtliche Natur anbelangt, dieselben Grundsätze wie für die bereits erörterten Postbeförderungsverträge überhaupt.

Ebenso sind bei den P.-A. zur Einholung von Wechselaccepten zwei Rechtsgeschäfte zu unterscheiden.

1. Der zwischen dem Wechselgläubiger und der Postanstalt, welche die Annahmeerklärung des Wechsels einholen soll, geschlossene Auftrag und

2. der zur Eingehung dieses Verhältnisses mit der Aufgabepostanstalt geschlossene Beförderungsvertrag zur Mitteilung dieses Willens des Absenders an die Postanstalt des Bestimmungsortes und zur Übermittelung des zur Ausführung des Auftrages notwendigen Wechsels.

Auch dieses Rechtsgeschäft ist lediglich Mittel zur Erreichung des Zweckes und ein unselbständiges Nebengeschäft.

Es ist ein Postbeförderungsvertrag und wie derselbe zu beurteilen.

Anders liegt dagegen die Sache bei der dritten Art von Postaufträgen, den Postaufträgen zu Bücherpostsendungen.

Auch dieses Geschäft zerfällt in zwei Geschäfte:

Die Bücherpostsendung und den P.-A. zur Einziehung der die Sendung betreffenden Rechnung.

Hiebei ist aber der Zweck ein zweifacher:

1. Eine Sendung von Büchern u. s. w. dem Empfänger zu machen,

2. die Zahlung des für dieselben berechneten Preises gleichzeitig zu erlangen.

Das erste Geschäft ist ein reiner Postbeförderungsvertrag.

Das letztere ein P.-A. zur Einziehung von Geldbeträgen mit der Beschränkung, dass er sich lediglich auf die für die übersendeten Bücher u. s. w. geschuldeten Beträge beziehen darf.

Das erste Geschäft ist aber nicht ein Mittel, um den zweiten Zweck, die Zahlung, zu erreichen.

Es sind diese Geschäfte vielmehr zwei selbständige, gleichzeitig vorgenommene Hauptgeschäfte. Dies zeigt sich besonders darin, dass die Büchersendung an den Emgfänger ausgehändigt wird, auch wenn die durch den P.-A. verlangte Zahlung nicht geleistet wird, sofern nicht der Absender beide Geschäfte in eine Wechselbeziehung zu einander durch den Vermerk „ohne Frist" auf dem P.-A. gesetzt hat oder die Annahme des P.-A. sofort bestimmt verweigert wird.

Hierin zeigt sich ein grosser Unterschied dieser P.-Ä. von den nachher zu behandelnden Nachnahmesendungen.

Nachdem wir nun auf diese Weise die bei den P.-Ä. vorkommenden Postbeförderungsverträge ausgeschieden haben, können wir das bei diesen Geschäften vorliegende Auftragsverhältnis näher auf seine rechtliche Natur untersuchen.

Auch hier sind verschiedene Meinungen vertreten.

Nach Schott[1]. ist der P.-A. ein Inkassogeschäft,

---

[1] Schott S. 573.

beruhend auf einem Auftrag; aber dieser Auftrag ist kein Mandatauftrag, sondern ein einseitiger Akt des Auftraggebers; dieser ist die Voraussetzung für die gesetzliche Verpflichtung der Post zur Besorgung des Inkassos.

Ich glaube mich auch an dieser Stelle wieder, wie in Abteilung II auf die gegen die obligatio ex lege von S c h o t t angeführten Gründe beziehen zu dürfen, da dieselben nur zu wiederholen wären.

Nach einer zweiten Meinung[1]) ist der P.-A. zur Einziehung von Geldbeträgen ein Inkassomandat.

Diese Ansicht wird wesentlich unterstützt von dem Sprachgebrauch der beiden Postordnungen. Sie bezeichnen das Verhältnis als Auftrag, die Person des einen Kontrahenten als „Auftraggeber", die des andern als „einziehende Postanstalt".

Auch wird natürlich das Rechtsverhältnis nicht etwa re geschlossen, das reale Element, welches gelegentlich der P.-Ä. sich zeigt, bezieht sich auf die Entstehung der mit denselben verbundenen Postbeförderungsverträge.

Das Rechtsverhältnis wird vielmehr nudo consensu geschlossen.

Durch schriftliche Mitteilung des Verlangens des einen Kontrahenten an den andern und durch eine diesem Verlangen entsprechende Annahmeerklärung des Auftrags seitens des andern Kontrahenten.

Der P.-A. zur Einholung von Wechselaccepten wird nach dieser Anschauung folgerichtig ebenfalls als Mandat aufgefaßt werden müssen.

So nahe liegend und den P.-Ordnungen entsprechend diese Konstruktion des Rechtsverhältnisses zu sein scheint, so glaubt Verfasser hiegegen doch ein gewichtiges Bedenken erheben zu müssen.

---

[1]) z. B. Mittelstein S. 118.

Wie schon von andern Seiten wiederholt hervorgehoben wurde, ist zunächst zu erwägen: Der Umstand, dass der Gesetzgeber ein von ihm geschaffenes Rechtsinstitut mit dem Namen eines schon vorhandenen Rechtsinstitutes belegt, genügt noch nicht dieses unter die Kategorie jenes zu unterstellen. Es muss vielmehr die Natur beider Rechtsinstitute die gleiche sein. Ergiebt sich nun, dass das eine Rechtsinstitut wesentliche Merkmale enthält, welche sich mit der Natur des anderen nicht vertragen, so haben eben dieselben weiter nichts wie den Namen, nicht auch die für sie geltenden Rechtsregeln gemeinsam.

Und dies scheint nach der Meinung des Verfassers hier der Fall zu sein.

Verfasser steht auf dem Standpunkt der in der gemeinrechtlichen Litteratur [1]) viel vertretenen Ansicht, dass die Unentgeltlichkeit der Dienstleistung ein wesentliches Merkmal des römischrechtlichen Mandates sei und nur ausnahmsweise das Versprechen eines Honorars zulasse, welches als eine Nebenverabredung zum Vertrage möglich sei.

Nun ist aber der P.-A. ein entgeltlicher Vertrag.

Allerdings ist gegen dieses Bedenken der Einwurf möglich: Die Bestimmungen der P.-O. über die Postgebühren gelten als Bestandteil des zwischen den Kontrahenten geschlossenen Vertrages und da durch ein Nebengeding die Zahlung eines Honorars an den Mandatar verabredet werden könne, so sei der P.-A. auch ein Mandat.

Allein gegen diesen Einwurf spricht:

Der P.-A. ist wie die gesamte Thätigkeit der Post nach ihrer gegenwärtigen Einrichtung grundsätzlich und wesentlich entgeltlich. Die Verpflichtung zur Zahlung

---

[1]) z. B. Windscheid, Pand. § 409 Nr. 6; Seuffert, Pand. (1852) Bd. II § 325 Nr. 9; Wendt, Pand. S. 601.

des Portos etc. etc. bildet eine der wesentlichen Verpflichtungen, welche aus den Verträgen mit ihr hervorgehen. Die Entgeltlichkeit dieser Dienstleistungen des Staates ist, da die Post noch weit entfernt ist, eine reine Wohlfahrtsanstalt zu sein, ganz selbstverständlich und die P.-O. regelt sozusagen nur die Höhe der selbstverständlichen Gebühr. Die Verpflichtung zur Zahlung der P.-A.-Gebühren scheint einen Hauptbestandteil des Vertrages zu bilden, nicht in einer unwesentlichen Nebenverabredung zu wurzeln.

Daraus ergiebt sich eben als Schlussfolgerung, dass der P.-A. nicht als ein Mandat, sondern als ein anderer Konsensualvertrag zu charakterisieren ist und zwar als eine locatio conductio operis.

Zum Schluss mag noch eine Bemerkung über die Wirkung des P.-A. für das Rechtsverhältnis zwischen Absender und Empfänger gestattet sein.

Der P.-A. ist im Gegensatz zur P.-Anw. geeignet, direkt Rechtsverhältnisse zwischen Absender und Empfänger zu regeln. Zahlt der Empfänger den einzuziehenden Betrag oder acceptiert er den Wechsel, so erhält er dagegen von der Postanstalt das einzulösende Papier (die quittierte Rechnung, den quittierten Wechsel, den Zinsschein) ausgehändigt, und wird hiedurch unmittelbar von seiner Schuld gegen den Absender frei bezw. unmittelbar Wechselschuldner, da die Post bei diesen Geschäften nicht in eigenem Namen handelt.

Dagegen ist die Post bei diesen Geschäften nicht gemäss Art. 296 des H.-G.-B. wie Mittelstein[1]) meint, als Bote und Überbringer eines quittierten Papiers oder eines Inhaberpapiers anzusehen.

Denn Art. 296 des H.-G.-B. gilt nur in Handelssachen gemäss Art. 1 des H.-G.-B.

Der Umstand aber, dass der Überbringer einer

---

[1]) Mittelstein, S. 115.

Quittung (die Post) ein Kaufmann ist, macht die Quittung noch nicht zu einer Quittung in Handelssachen. Dies bestimmt sich nicht nach den Eigenschaften des Überbringers (der Post), sondern des Absenders und Empfängers, bezw. der Natur des zwischen ihnen obwaltenden Rechtsverhältnisses.

Die Ermächtigung der Post zur Zahlungsempfangnahme gründet sich vielmehr auf die ihr gemäss § 19 und 20 der R.-P.-O., bezw. § 15 und § 17 der bayer. P.-O. vom Absender gegebenen Befugnis.

III. Die Postnachnahme.

§ 17. Gegenstand des Geschäfts.

Nach der getroffenen Einteilung erübrigt in dieser Abteilung noch ein drittes zur Vermittelung von Geldgeschäften seitens der Post geeignetes Geschäft, die Postnachnahme zu besprechen.

Unter den Quellen, welche den Ausgangspunkt unserer Erörterung bilden, findet sich nur eine einzige Bestimmung im R.-P.-G., die übrigen finden sich in den P.-O.

§ 50 das P.-G. bestimmt nämlich in Z. VI lediglich, dass das Reglement (P.-O.) die Gebühren für „Vorschussendungen" [1] zu enthalten habe.

Die anderen Bestimmungen finden sich in § 18 der R.-P.-O., in § 87 der bayer. P.-O.

Der § 18 hat durch die Verordnungen vom 21. März 1886, wodurch der Nachnahmebetrag von 150 M. auf 400 M. erhöht wurde, vom 4. Juli 1888 und 30. April 1890 vielfache Änderungen erfahren.

Ebenso hat der § 87 durch Bekanntmachung des Min. des kgl. Hauses und des Äeussern vom 1. Juni 1890 mannigfache Abänderungen erlitten.

----

[1] Dies ist der ältere in der P.-O. vom 18. Dezember 1874 gebrauchte Ausdruck.

Der Begriff der Postnachnahme ist in beiden P.-O. nicht bestimmt.

Die bemerkenswerteren Vorschriften über dieselbe sind folgende:

Nach § 18 der R.-P.-O. sind P.-N. im Betrage bis zu 400 M. einschliesslich, und zwar nach V.-O. vom 30. April 1890 nur bei Büchern und Packeten zulässig.

Ebenso lautet die bayer. P.-O. [1] nach der Fassung vom 1. Juli 1890.

Von den Formvorschriften ist hervorzuheben:

Die Nachnahmsendungen müssen in der Aufschrift mit dem Vermerk „Nachnahme von .... M. .... Pfg." versehen sein und unmittelbar darunter die genaue Bezeichnung der einliefernden Behörde oder Firma, bezw. den Namen, Stand und Wohnort — in grösseren Städten auch die Wohnung — des Absenders in deutlicher Form enthalten. Bei Packeten müssen vorstehende Vermerke sowohl auf der Sendung selbst als auch auf der zugehörigen Packetadresse angebracht sein (§ 18 II, § 87 III.)

Frankaturzwang existiert nicht (§ 87 V.).

Dem „Auflieferer" einer Nachnahmesendung wird über den Betrag eine Bescheinigung erteilt; (§ 18 III, § 87 VII.). Diese kann auch im Postaufgabebuch erteilt werden (§ 87 VIII).

Eine Einschreibung der Sendung ist nicht notwendig wie P.-Ä.

Durch die Bescheinigung des Nachnahmebetrags erhält die Sendung nicht die Eigenschaft einer eingeschriebenen oder Wertsendung. (§ 87 VII bayer. P.-O., § 6 IV. R.-P.-O.)

Ist über die Sendung ohnehin ein Einlieferungs-

---

[1] Durch die citierte Bekanntmachung vom 1. Juni 1890 sind alle Briefe mit Postnachnahme von den Gegenständen, welche mit der Packetpost versendet werden können, (§ 65 P.-O) gestrichen. Wohin sie jetzt gehören, ist nicht gesagt. Die Vorschriften über die Postnachnahmen befinden sich jedoch unter Z. III Packetpostdienst § 87.

schein zu verabfolgen, (wie bei Einschreibsendungen mit Wertangaben[1]), so wird der Nachnahmebetrag in diesen Schein mit aufgenommen (§ 18 III. § 87 VII).

Über die Ausführung dieses Geschäftes durch die Post gelten folgende Vorschriften:

Die Nachnahmesendung darf n u r gegen Berichtigung des Nachnahmebetrages ausgehändigt werden (§ 18 IV, § 87 X). Hierin ruht eine wesentliche Verschiedenheit vom P.-A. zu Bücherpostsendungen, auf welche unten wieder zurückzukommen ist.

In der bayer. P.-O. (§ 87 X) ist noch hervorgehoben, dass die Entnahme einer Nachnahme von abgesendeten Postsendungen wieder aufzuheben oder den Nachnahmebetrag abzuändern, unzulässig ist.

Wird die Nachnahmesendung nicht innerhalb 7 Tagen von der Vorzeigung an den Empfänger an gerechnet eingelöst, so muss sie an die Aufgabepostanstalt zurückgesendet werden (§ 18 V. § 87 XI).

Jm Fall der Nachsendung wird für jeden neuen Bestimmungsort vom Tage der Ankunft daselbst eine besondere Einlieferungsfrist von 7 Tagen berechnet (§ 18 IV; V.-O. vom 4. Juli 1888 § 87 XI).

Die nicht eingelöste Sendung wird dem Absender gegen Rückgabe des Einlieferungsscheines bezw. der erteilten Bescheinigung oder deren Löschung wieder ausgehändigt (§ 18 VI. § 87 XVI).

Wird dagegen der Nachnahmebetrag vom Empfänger bezahlt, so wird derselbe dem Absender von der Bestimmungspostanstalt mittels Postanw. nach Abzug der Geldübermittelungsgebühr zugesandt (§ 18 V. § 87 IX).

Vorschussendungen giebt es nicht mehr.[2])

---

[1]) § 6. V und § 15. II R.-P.-O.

[2]) Nach der P.-O. von 1874 (§ 19. IV) war eine Wertnachnahme im voraus ausnahmsweise zulässig. Jn der neuen P.-O. von 1879 fand sich in § 18 I der Satz: Eine Auszahlung des Nachnahmebetrages gleich bei der Einlieferung der zugehörigen Sendung findet nicht statt.

Die Auszahlung des Nachnahmebetrags erfolgt erst dann, wenn die Einlösung derselben durch den Empfänger erfolgt ist (§ 87 VIII).

§ 18. Rechtliche Natur des Geschäfts.

Nachdem im Wesentlichen die für die P.-N. geltenden Bestimmungen dargestellt sind, ist nur noch einmal auf die V.-O. vom 30. April 1890, bezw. die Bekanntmachung vom 1. Juni 1890 zurückzukommen, da durch dieselbe der Zweck, welchem die P.-N. dienen soll, mittelbar zum Ausdruck gelangt.

Während nämlich nach der bisherigen Fassung des § 18 der R.-P.-O. bezw. § 87 der bayer. P.-O.P.-N. bei allen Postsendungen Postnachnahmen zulässig waren, sind dieselben nun durch die beiden Erlasse auf Briefe und Packete beschränkt worden. Der Beweggrund für diese Einschränkung (insbes. der Ausschluss der Nachnahme auf Postkarten und Warenproben[1]) liegt wohl in der Erwägung, dass die Nachnahme auf die hiemit ausgeschlossenen Gegenstände ökonomisch gar keine Nachnahme ist[2]), da dieselbe nicht als Äquivalent für den einzuziehenden Betrag erscheinen und nur dazu dienen, irgend eine Schuld des Empfängers auf diese Weise einzuziehen. Es kommt durch diese Vorschriften der Gedanke zum Ausdruck, dass die Nachnahme in eine Beziehung zu der jeweiligen Sendung stehen soll und dass für irgend welche vom Empfänger zu leistende Zahlungen, welche mit der Sendung in keinem Zusammenhang stehen, der Weg des Postauftrags zu wählen sei.

Allerdings muss bemerkt werden, dass nach den geltenden Vorschriften keineswegs verlangt ist, dass der

Aus dem Schweigen der neuen Fassung vom 30. April 1890 über Vorschussendungen ergiebt sich ebenfalls deren Unzulässigkeit.

[1]) Warenproben dürfen keinen eigenen Kaufwert haben (§ 14 I R.-P.-O.)

[2]) So auch Mittelstein S. 122.

einzuziehede Betrag mit der zu übergebenden Sendung im Zusammenhang stehen müsse[1]), es sollte nur der bei Einrichtung dieses Geschäftszweiges zu Grunde liegende Zweckgedanke hervorgehoben werden.

Die Zwecke, welche der Absender bei Abschluss des Postnachnahmegeschäftes erfolgt, sind zwei: er will

1. die Beförderung eines Briefes oder Packets an den Empfänger bewirken und

2. von diesem regelmässig für die Übersendung des Briefes oder Packets durch die Vermittelung der Post eine Geldzahlung erhalten.

Demgemäss ist auch die Aufgabe der Post bei diesem Geschäft eine zweifache:

1. einen gewöhnlichen Postbeförderungsvertrag,

2. einen Auftrag zur Einziehung von Geldbeträgen auszuführen.

Vergleicht man hiemit die Verhältnisse bei P.-Ä. so zeigt sich:

Bei den P.-Ä. ist Absicht des Absenders und Aufgabe der Post, soweit die P.-Ä. zur Einziehung von Geldbeträgen und zur Einholung von Wechselaccepten in Frage kommen, lediglich eine Geldzahlung, bezw. eine Wechselacceptation zu bewirken und zu dem Ende muss ein Hilfsgeschäft, die Beförderung eines Einschreibebriefes zur Benachrichtigung der beauftragenden Postanstalt und zur Abwickelung des Geschäftes durch Aushändigung oder Vorzeigung der Anlagen desselben vorgenommen werden.

Diese Einschreibesendungen bilden nie das Äquivalent für die Zahlung oder das Accept. Die P.-N. sind eben grundverschieden von diesen P.-Ä.

Anders schon liegt die Sache bei den P.-Ä. zu Bücherpostsendungen.

Diese haben mit den P.-N. gemeinsam, dass der

---

[1]) Dies ist nur der Fall bei den Postämtern zu Büchersendungen (§ 20a I R.-P.-O.).

Absender eine Sendung an den Empfänger mittels der Post machen will und zweitens hiefür eine Geldzahlung durch Vermittelung der Post seitens desselben erhalten will.

Sie sind aber andererseits auch von den P.-N. verschieden:

Denn erstens sind Gegenstand der letzteren Briefe und Packete, Gegenstand der ersteren Bücher etc. etc., soweit sie als Drucksachen befördert werden können und ein Gewicht von mehr als 250 gr haben; zweitens muss der P.-A. sich auf die Einziehung der die Sendung betreffenden Rechnung beziehen — bei der P.-N. ist dies nur regelmässig der Fall — und schliesslich werden die Bücherpostsendungen — hierin liegt der begriffliche Unterschied der beiden Geschäfte — von zwei Ausnahmsfällen (§ 20a IV. PO.) abgesehen — ohne Einzahlung des verlangten Geldbetrages an den Empfänger ausgehändigt, während die Aushändigung der Nachnahmesendungen ohne Zahlung des einzuziehenden Geldbetrages schlechterdings ausgeschlossen wird.

Mit andern Worten:

Bei den P.-Ä. zu Bücherpostsendungen ist möglich, dass beide Zwecke oder nur einer zur Verwirklichung gelangt, bei P.-N.-Sendungen nur beide.

Bei den P.-N. wird die Ausführung des einen Geschäfts, (die Beförderung) nur gewollt für den Fall des Zustandekommens des andern Geschäfts, der Zahlung.

Die Post übernimmt daher bei P.-N.-Sendungen die Verpflichtung zur Beförderung des Guts an den Empfänger und zu dessen Aushändigung für den Fall, dass an sie der Nachnahmebetrag gezahlt, zu dessen Empfangnahme sie ermächtigt ist und eventuell die Verpflichtung zur Übersendung dieses Betrags an den Absender.

Nach diesen Ausführungen erscheint die Meinung

7*

von Dambach [1]) und Meilli [2]) nicht zutreffend, unser Geschäft für einen Postfrachtvertrag mit nebenhergehenden Inkassomandat erklären.

Abgesehen von diesem „Mandat" geht eben das Inkassogeschäft nicht bloss „nebenher" — dies mag zutreffen für die gewöhnlichen P.-Ä. zu Bücherpostsendungen —, sondern steht in einer durch diese Beurteilung nicht erklärten eigentümlichen Beziehung zum Beförderungsvertrag und giebt demselben einen hiedurch auch nicht angedeuteten besonderen Inhalt.

Mittelstein [3]) bezeichnet den Postnachnahmevertrag als eine eigenartige Modifikation des Postfrachtvertrages, sagt aber nicht, worin die Modifikation liegt.

Schott [4]) bezeichnet die Nachnahme als eine Verstrickung des Frachtguts durch modus.

Nun ist erstens der modus ein auf Schenkungen und letzwillige Zuwendungen gemachte Auflage [5]) und würde sohin höchstens zutreffen, wenn die Beförderung eines dieser Rechtsgeschäfte zu verwirklichen bestimmt wäre.

Und zweitens teilt die bei dem Beförderungsvertrage getroffene Nebenbestimmung überhaupt nicht die Natur des modus.

Man pflegt allgemein das Wesen des modus seit Savigny [6]) so zu beschreiben. Der modus zwingt, aber suspendiert nicht; die Bedingung zwingt nicht, suspendiert aber den Rechtserwerb.

Wäre nun die an die Aushändigung des Gutes geknüpfte Nebenbestimmung ein modus, so müsste der Empfänger durch die blosse Annahmeerklärung der Sen-

---

[1]) S. 48.
[2]) Mod. Transportanstalten S. 95.
[3]) S. 122.
[4]) S. 409 und der dort citierte Eger.
[5]) vergl. z. B. Windscheid Bd. II. § 97 Nr. 1; Wendt § 58.
[6]) System Bd. 3 § 128 S. 231.

dung ein Recht auf deren Aushändigung erlangen und seinerseits zur Zahlung der Nachnahme verpflichtet werden oder er würde gegen Aushändigung der Sendung zu deren Zahlung verbunden werden.

So ist aber dieses Rechtsverhältnis nicht konstruiert.

Es ist vielmehr dem Belieben des Empfängers überlassen, ob er zahlen will und andererseits ein Recht auf die Sendung nur im Fall der Zahlung vorhanden.

Es ist daher nach meiner Meinung diese Nebenbestimmung als eine dem Beförderungsvertrage hinzugefügte Suspensivbedingung zu erachten und die Modifikation des Vertrags, die Verstrickung, besteht in der Hinzufügung dieser Nebenbestimmung zum Frachtvertrage.

Es ist meines Erachtens das Postnachnahmegeschäft ein Postbeförderungsvertrag mit einer Suspensivbedingung des Inhalts, die Sendung an den Empfänger erst dann aushändigen zu dürfen oder zu müssen, wenn eine vom Absender bezeichnete Geldsumme an die Post, zu deren Empfangnahme sie damit ermächtigt und verpflichtet ist, eingezahlt ist.

An diesem bedingten Postbeförderungsvertrag knüpft sich das auf dem Wege der Postanweisung zu erledigende Inkassogeschäft der Post als ein Nebengeschäft.

III. Abteilung.

Der Zeitungsvertrieb.

§ 19. Gegenstand des Geschäfts.

Nachdem in Abteilung I diejenigen Geschäfte der Post, welche lediglich die Beförderung von Sachen unmittelbar zum Gegenstande haben und in Abteilung II diejenigen, welche Geldgeschäfte und Wechselacceptierungen zu vermitteln geeignet sind, zur Darstellung gelangten, kommen wir in dieser Ableitung zur Erörterung einer dritten besonderen Geschäftsthätigkeit der Post, dem Postdebit. [1])

Die gesetzlichen wie reglementären Bestimmungen über diesen Geschäftszweig sind sehr spärlich; die hiefür geltenden Vorschriften sind vielmehr der Hauptsache nach in den Dienstinstruktionen niedergelegt.

Gemäss § 3 des P.-G. besorgt die Post die Annahme der Pränumeration auf die Zeitungen, sowie den gesamten Debit derselben und es darf keine im Gebiet des deutschen Reiches erscheinende politische Zeitung vom Postdebit ausgeschlossen und ebensowenig bei Normierung der Provision, welche für die Beförderung und Debitierung der im Gebiete des deuschen Reiches

---

[1]) Debit bedeutet Verkauf im einzelnen, Verkauf im kleinen, Absatz, Vertrieb, Verschleiss. Dieses schöne Worte verdiente wirklich gründlich aus der Postsprache ausgemerzt zu werden. „Postdebit", „Postverkauf" bezeichnet nicht einmal den Gegenstand, um welchen es sich bei dem ganzen Geschäftszweige handelt, ist juristisch irreführend und dem Volke ganz unverständlich. Richtiger wäre Zeitungsvertrieb, Zeitungsverschleiss; die bayr. P.-O. kennt jenen Ausdruck nicht. Ihr Abschnitt ist überschrieben „Zeitungsdienst." § 44 II spricht vom Vertriebe der Zeitungen durch die Postverwaltung.

erscheinenden Zeitungen zu erheben ist, nach verschiedenen Grundsätzen verfahren werden.

Ferner findet sich in § 10 des Taxgesetzes die Provision für Zeitungen geregelt.

Die R.-P.-O. enthält fast keine Bestimmungen über den Debit.

Nur anzufüren sind die Bestimmungen über Bestellgebühr (§ 32), über Nachlieferung von Zeitungen (§ 42), über Überweisung von Zeitungen (§ 38).

Eingehende Vorschriften dagegen enthält die bayer. P.-O., in den §§ 44—63. Von diesen sollen die Hauptbestimmungen erwähnt werden.

Der Umfang des Zeitungsdienstes bestimmt sich nach § 44 dieser P.-O.; darnach besorgen die Postanstalten die Annahme und Ausführung von Bestellungen auf die in und ausserhalb Bayern erscheinenden Zeitungen und Zeitschriften, sowie deren Versendung und Abgabe an die Besteller.

Der Verleger einer Zeitung, welcher dieselbe der Postverwaltung zum Vertriebe übergeben will, muss solches in einer schriftlichen an die Direktion der kgl. bayer. Posten und Telegrafen gerichteten Erklärung nach Massgabe der von der Postverwaltung vorgeschriebenen Fassung aussprechen und diese Erklärung bei der nächst gelegenen Postanstalt übergeben (§ 44 I u. II).

Über die Annahme der Bestellungen seitens des Publikums ist bestimmt:

Zur Annahme von Zeitungsbestellungen ist jede Postanstalt, welche Zeitungsdienst zu versehen hat und jeder Landpostbote auf seinem Bestellgange verpflichtet (§ 45 I).

Von der Bestellung sind zwei Gattungen von Zeitungen[1]) ausgeschlossen:

---

[1]) „Zeitung" umfasst nach dem Sprachgebrauch der P.-O Zeitungen und Zeitschriften.

1. Zeitungen, deren Verleger sich den Vorschriften über den Zeitungsvertrieb nicht unterworfen hat und

2. ausserhalb Bayerns erscheinende Zeitungen, deren Vermittelung durch die Post entweder am Verlagsorte selbst oder in dem den Bezug vom Auslande vermittelnden Postgebiete nicht zugelassen sind oder deren Verbreitung in Bayern untersagt ist (§ 45 III).

Über die Abgabe der bestellten Zeitungen an die Bezieher gelten folgende Vorschriften:

Die Postverwaltung übernimmt gegen Zahlung der betreffenden Gebühren lediglich die Verpflichtung zur Besorgung der Zeitungsbestellung und zur Beförderung der Zeitungen vom Verlagsorte bis zur Abgabepost, nicht aber auch zur Zustellung derselben in die Wohnungen der Bezieher; sie sind daher abzuholen (§ 60 I).

Nur auf besonderes Verlangen können gegen Entrichtung einer nach der Häufigkeit der Zustellung zu entrichtenden Gebühr die Zeitungen den Beziehern durch die Briefträger oder Landpostboten bei den gewöhnlichen Dienstgängen auch in die Wohnungen überbracht werden (§ 61 I).

Über das Abrechnungsverhältnis mit den Verlegern bestimmt (§ 58 I), dass die Abrechnung mit den Verlegern von der Verlagspostanstalt am Ende eines jeden Semesters oder nach Ablauf der regelmässigen Bezugszeit gepflogen werden, inzwischen jedoch Vorschusszahlungen auf Verlangen der Verleger aus den eingegangenen Zeitungsgeldern[1] nach Massgabe der gelieferten Exemplare geleistet wird.

Der von den Beziehern zu zahlende Zeitungspreis setzt sich zusammen:

1. Aus dem Einkaufspreis,

---

[1] Der Zeitungspreis muss in der Regel von den Beziehern sofort bei der Bestellung für die Zeit, auf welche die Zeitung bezogen werden will, entrichtet werden (§ 49 I).

2. der Zeitungsgebühr („Provision" nach dem P.-
   Taxges. § 10)
hiezu tritt noch eventuell
1. die Zustellungsgebühr
2. die Überweisungsgebühr
3. der Stempelbetrag.

Der Einkaufspreis ist der Preis, um welchen die Zeitungen vom Verleger an die Postanstalt für die Bezieher abgelassen werden.

Die Zeitungsgebühr ist 25, bezw. $12^1/_2\,^0/_0$ des Einkaufspreises (§ 46, § 61, § 62), der Mindestbetrag der jährlichen Zeitungsgebühr ist im innern Verkehr von Bayern 20, im Verkehr mit einem andern deutschen Postgebiete, Österreich-Ungarn und Luxemburg 40 Pfg.[1])

Wenig abweichend sind die für das Gebiet der Reichspost geltenden Dienstinstruktionen, weshalb von deren Darstellung abgesehen wird.

§ 20. Rechtliche Natur des Geschäfts.

An der Hand der angegebenen Bestimmungen soll nun versucht werden die rechtliche Natur des Zeitungsgeschäfts zu kennzeichnen.

Gegenstand desselben ist im Allgemeinen die Annahme und Ausführung von Bestellungen (Abonnements) auf Zeitungen. Das Geschäft zerfällt aber in eine Reihe von einzelnen Thätigkeiten, welche teils der Verlagspostanstalt, teils der Vertriebspostanstalt obliegen.

Letztere besorgt die Annahme der Bestellung auf die Zeitung, Einziehung des Zeitungserlasspreises, die Verschaffung der Zeitung durch Vermittelung der Verlagspostanstalt, deren Aushändigung an den Bezieher, die Abführung der erhobenen Erlasspreise im Wege der Abrechnung und die mit dem Vertrieb verbundene Buchführung.

---

[1]) Im Reichspostgebiete ist der Mindestbetrag stets 40 Pfg. (§ 10 Posttaxges.).

Den ersteren liegt ob die Sammlung der Bestellungen der einzelnen Vertriebspostanstalten, die Bestellungen der Zeitungen bei dem Verleger, die Beförderung der vom Verleger erhaltenen Zeitungen an die Vertriebspostanstalten und die mit diesem Geschäfte verbundenen Kassen- und Rechnungsgeschäfte, namentlich die Einziehung der Erlasspreise von den Vertriebspostanstalten, die Befriedigung der Verleger und die Verrechnung der Zeitungsgebühr.

Nach der gestellten Aufgabe ist hier nur zu erörtern, in welchem Rechtsverhältnis der Bezieher einer Zeitung zur Post, bezw. dem Verleger tritt.

Zunächst ist ausser Zweifel, dass die Anschaffung der Zeitungen seitens des Beziehers die Natur eines Kaufes und zwar eines Lieferungskaufes hat[1]) und der Bezieher Käufer der Zeitung ist, welcher den Einkaufspreis neben anderen Geldbeträgen an die Vertriebspostanstalt im Voraus entrichtet.

Dagegen könnte Zweifel bestehen, ob die Post oder der Verleger der Zeitung als der mit dem Bezieher kontrahierender Verkäufer anzusehen sei.

Vor Allem ist nun nicht etwa nach der citierten Entscheidung[2]) ein zweimaliger Verkauf der Zeitung anzunehmen, da auch die an die eigentlichen Transportgeschäfte sich anschliessenden Verrichtungen der Post zum Zwecke haben, den Verkehr der an verschiedenen Orten sich aufhaltenden Personen zu erleichtern, die Post vermittele den Absatz dieser Drucksachen nicht zu dem Zweck, um aus der Differenz der Preise, zu welchen

---

[1]) Vergl. f. des R.-O.-H.-G.-B. XXIII S. 13, welche den folgenden Abhandlungen zu Grunde gelegt ist.

[2]) So auch Dambach, S. 19 Nr. 4 zu b.; Mittelstein, S. 184; Meili, Haftpflicht, S. 103, welcher sagt, der in § 10 des P.-Taxges. gebrauchte Ausdruck „Einkaufspreis“ sei nicht im streng juristischen Sinn aufzufassen. Dies ist er gewiss. Daraus ergiebt sich nur, dass ein Einkauf vorliegt, nicht dass die Post Einkäufer ist.

sie dieselben vom Verleger beziehe und an das Publikum ablasse, einen Gewinn zu erzielen, sondern, um den Absatz an die entfernt und zerstreut liegenden Abnehmer zu erleichtern; zur Erreichung dieses Zweckes sei aber nicht erforderlich, dass die zu vertreibenden Drucksachen durch ein Kaufgeschäft in das Vermögen des Reichsfiskus und aus diesem durch ein zweites Kaufgeschäft in das Vermögen der Abonnenten übergingen; dass diese Auffassung der Reichsgesetzgebung fremd sei, gehe auch daraus hervor, dass sie die für die Debitierung von der Post zu beziehende Vergütung „Provision" nenne. Hiemit sei anerkannt, dass die Einnahme aus dem Debit nicht durch die Differenz von Einkaufs- und Verkaufspreisen, sondern durch Gebühren für die von der Post geleisteten Dienste erzielt werde[1]).

Ist nun aber die Post nicht Selbstkäufer, so ist sie auch nicht Selbstverkäufer der Zeitung; es bleibt sonach nur ein Kaufgeschäft zwischen Bezieher und Verleger übrig und die Post wird bei Abschluss desselben nur mitthätig.

Das Rechtsverhältnis, in welches die Post durch diese Mitthätigkeit tritt, bezeichnet Rösler und Meili als Kommissionsgeschäft, bezw. als Geschäftsbesorgung (Dienstmiete), Schott als Geschäftsbesorgung.

Mit Recht führt die citierte Entscheidung aus, dass ein Kommissionsgeschäft[2]) im Sinne des Art. 360 H.-G.-B. nicht vorliege, dass die Abschliessung von Kaufgeschäften im eigenen Namen ausserhalb des Kreises der Transportgeschäfte und der damit zusammenhängenden Geschäfte liege; die Ausdehnung der Geschäfte der Post auf Tauschgeschäfte in wirtschaftlicher Form (wie die

---

[1]) Ähnlich spricht sich auch Meili l. c. aus.

[2]) Gad, Haftpflicht der Postanstalten 1863 S. 35 Nr. 19; Rösler, Verwaltungsrecht Bd. II S. 466 Nr. 5; Meili, Haftpflicht S. 34; ebenso der Generalpostdirektor v. Philipsborn in der Reichstagssitzung am 19. Okt. 1867 (Verhandlungen S. 503 Sp. 1).

Kommissionsgeschäfte seien), bedürfe einer ausdrücklichen Gesetzesvorschrift, welche aber fehle; die Post kontrahiere nicht in eigenem Namen.

Da die Post sich der vom Verleger der Zeitung, welcher dieselbe dem Vertriebe übergeben will, ihr übergebenen schriftlichen Erklärung[1]) gemäss bereit erklärt hat, den Verleger, bei Abschluss der Kaufverträge gegenüber dem Käufer zu vertreten und dies ohne Entgelt seitens des Verlegers besorgt, so erscheint die Post bei Abschluss des Kaufvertrages und Übermittelung des Einkaufspreises mit dem Bezieher als Mandatar des Verlegers im römisch-rechtlichen Sinne.

Dagegen liegt meinem Ermessen, wie auch Mittelstein[2]) hervorhebt, kein Grund vor, noch einen Vertrag des Beziehers mit der Post anzunehmen, durch welchen sie sich gegen Zahlung der Provision verpflichtet, den Abschluss des Kaufvertrages zu vermitteln und bei der Erfüllung desselben mitzuwirken[3]).

Hienach sind die einzelnen bei dem Zeitungsvertrieb in Frage kommenden Rechtsgeschäfte:

1. Das zwischen Verleger und Post geschlossene Mandat auf Entgegennahme der Bestellung der zu vertreibenden Zeitungen und Einziehung und Übermittelung des Einkaufspreises derselben.

2. Der zwischen Bezieher und Verleger durch dessen Mandatar, die Post, geschlossene Pränumerationskauf auf Lieferung der bestellten Zeitungen.

3. Die in Ausführung der Bestellung zwischen Verleger und Post geschlossenen gewöhnlichen Postbeförderungsverträge über die bestellten Drucksachen.

---

[1]) Vergl. bayer. P.-O. § 44. II.
[2]) Mittelstein S. 136.
[3]) Dies ist die Meinung von Löning, Verwaltungsrecht S. 606 Nr. 1.

IV. Abteilung.

Die Personenbeförderungsgeschäfte der Post.

§ 21. Gegenstand des Geschäfts.

In dieser Abteilung soll noch in Kürze ein weiteres Hauptgeschäft der Post, die Personalbeförderung erörtert werden.

Geschichtlich ist zu bemerken, dass nach jetzigem Rechte die gewerbsmässige Beförderung von Personen keiner Beschränkung zu Gunsten der Post mehr unterliegt und dass die Beschränkung, welche in dieser Hinsicht noch im Postgesetze vom 2. Nov. 1867 § 1 enthalten war, im Interesse des freien gewerblichen Verkehrs aufgegeben ist.

Es besteht jetzt für diese Geschäfte weder ein Monopol der Post und ein Postzwang, noch eine gesetzliche Verpflichtung [1]) der Post diesen Geschäftszweig zu betreiben oder innerhalb desselben mit jedermann einen Beförderungsvertrag einzugehen. Dagegen ist in der R.-P.-O. § 46 V bestimmt, dass die Annahme zur Beförderung, wenn die Meldung zu einer Reise bei einer Postanstalt mit Station erfolgt [2]), nur in bestimmten Fällen beanstandet werden kann, nämlich wenn zu der betreffenden Post Beiwagen überhaupt nicht gestellt werden und die Plätze im Hauptwagen schon vergeben oder auf den Unterwegsstationen bei Ankunft der Reisen-

---

[1]) § 8 des P.-G. bezieht sich nur auf Postsendungen; die Personenbeförderung fällt aber nicht unter diesen Begriff; so auch Dambach S. 19 Nr. 2, Laband II S. 801.

[2]) Bei Meldung bei einer Postanstalt ohne Station § 46 VI, bei Meldung an Haltestellen § 46 VII.

den schon besetzt sind oder wenn auf der betreffenden Station nur eine beschränkte Gestellung von Beiwagen sattfindet.

Die gesetzlichen Besimmungen über das Personenbeförderungsgeschäft sind nur wenige.

Im Abschnitt III des P.-G. sind bezüglich desselben der Post gewisse Vorrechte eingeräumt. Darnach sind die ordentlichen Posten nebst deren Beiwagen von Entrichtung von Kommunikationsabgaben befreit; gegen dieselben ist keine Pfändung erlaubt, jedes Fuhrwerk muss denselben auf das übliche Signal ausweichen. Wenn den ordentlichen Posten ein Unfall begegnet, so sind die Anwohner der Strasse zur Hilfeleistung verpflichtet.

Die Postanstalten sind berichtigt unbezahlt gebliebene Beträge an Personengeld nach den für die Beitreibung öffentlicher Abgaben bestehenden Vorschriften exekutivisch einziehen zu lassen u. a. m.

Die Defraudation des Personengeldes wird gemäss § 29 P.-G. bestraft. Im übrigen enthält das P.-G. in § 50 Z. 8 nur die Bestimmung, dass das Reglement die Bedingungen über die Beförderung des Reisenden mit den ordentlichen Posten und Extraposten die Bestimmung des Personengelds und der Gebühr für Beförderung von Passagiergut zu enthalten habe.

Nach den P.-O. sind die Geschäfte der Post in zwei Hauptarten geteilt:

1. Die Beförderung von Personen mit den ordentlichen Posten. R.-P.-O. § 46 — § 57; bezw. P.-O. § 116 — § 127.

2. Die Beförderung mit Extrapost und Kurierbeförderung R.-P. § 58 — § 65; bezw. P.-O. § 128 bis § 140.

Besondere Bestimmungen sind noch über die Beförderung des Reisegepäcks aufgestellt.

Da diese Vorschriften kein besonderes rechtliches Interesse bieten und für die rechtliche Beurteilung dieser

Geschäfte ohne Belang sind, so wird von einer nähern Darstellung derselben abgesehen.

§ 22. Rechtliche Natur des Geschäfts.

Wie schon in dem II. Abschnitt dieser Darstellung hervorgehoben wurde, sind die auf die Personenbeförderung gerichteten Geschäfte der Post Handelsgeschäfte gemäss Art. 272 Z. 3 H.-G.-B. und die Post ist in dieser Hinsicht als Kaufmann zu betrachten.

Das Geschäft ist seiner rechtlichen Natur nach, der Ansicht Schotts[1]) zufolge, kein Vertrag, sondern es beruht auf einer gesetzlichen Obligation der Post, welche wirksam wird, sobald die postordnungsmässigen Voraussetzungen gegeben sind; die Verbindlichkeit der Post wird nicht erst durch die Annahme der Reisenden eingegangen, sondern dieselbe Verbindlichkeit existiert schon vor der Annahme der Reisenden und die Annahme des Reisenden ist nicht die Ursache, sondern die Folge dieser Verbindlichkeit.

Verfasser könnte sich beschränken auf frühere Gründe gegen diese Aufstellung zu verweisen. Nur, um zu zeigen, wie sehr Schott seine theoretische Auffassung über die geltenden Rechtsvorschriften stellen zu dürfen glaubt, sei eine Stelle der R.-P.-O. angeführt, die mit den von Schott gebrauchten Worten das reine unzweideutige Gegenteil sagt.

Es ist dies der § 50 der R.-P.-O. Derselbe lautet:

Die Erstattung von Personengeld an die Reisenden findet stets statt, wenn die Postanstalt die durch die Annahme des Reisenden eingegangene Verbindlichkeit ohne dessen Verschulden nicht erfüllen kann.

Wörtlich so lautet auch der § 120 III der bayerischen P.-O.

---

[1]) Schott S. 577.

Es liegt sicher ein Privatrechtsvertrag vor.

Die Offerte des Reisenden wird in den P.-O. als „Meldung zur Reise" [1] bezeichnet das Accept der Post als Annahme des Reisenden oder „Annahme" [2]).

Dass dieser Vertrag nicht wie die übrigen Beförderungsverträge ein Realvertrag ist, ergiebt sich daraus, dass derselbe nicht durch irgend ein Geben und Nehmen entsteht.

Die Meldung besteht in der Regel in der blossen mündlichen Erklärung des Reisenden, die Post benützen zu wollen, die Annahme in der entsprechenden Zusage.

Die Meldung kann geraume Zeit vor [3]) der Ausführung des Beförderungsvertrages liegen. Ebenso die Annahme. Die Leistung des Reisenden, bestehend in der Bezahlung des Personengeldes, braucht aber in diesem Falle nicht sogleich zu geschehen [4]), auch die Ausstellung des Fahrscheines ist nicht die den Vertrag perficierende Handlung. Dieser wird erst ausgestellt nach Entrichtung des Personengeldes. Die Annahme des Reisenden kann aber derselben vorausgehen und durch diese wird die Verbindlichkeit der Post eingegangen (§ 50 I R.-P.-G.; § 120 III bayer. P.-O.

Darnach beurteilt sich dieser Beförderungsvertrag der Post als ein Konsensualvertrag und ist, da er ein gewisses Arbeitsresultat zum Zwecke hat, nach dem Pandektensystem als locatio conductio operis zu bezeichnen.

---

[1]) vergl. § 46 I R.-P.-O.; § 116 I bayer. P.-O.

[2]) vergl. § 46 V R.-P.-O. bezw. § 116 II.

[3]) Frühestens acht Tage § 46 II R.-P.-O.

[4]) § 46 VII. Sie sichert ihm bloss, wenn sie gleich bei der Meldung erfolgt, einen bestimmten Platz.

IV. Abschnitt.

Die aus den Geschäften der Post entspringenden Rechte und Pflichten im einzelnen.

§ 23. Einleitung.

Nachdem die bisherige Darstellung versucht hat, den Zweck und die rechtliche Natur der Hauptgeschäfte der Post zu kennzeichnen, soll im Folgenden die einzelnen aus diesem Geschäfte entspringenden Rechte und Pflichten, insbesondere die Haftpflicht und die Träger derselben erörtert werden.

Der folgenden Darstellung ist der gewöhnliche Postbeförderungsvertrag zu Grunde gelegt; soweit sich jedoch besondere Abweichungen desselben von den übrigen Geschäften zeigen, sollen dieselben herangezogen werden.

Es ist im vorigen Abschnitt gezeigt worden, dass die Geschäfte der Post sich in der Form von Privatrechtsverträgen abwickeln.

Als Kontrahent wurde auf der einen Seite der Kürze wegen die Postanstalt, die Post bezeichnet.

Darunter ist jede Posteinrichtung[1]) zu verstehen, welche mindestens Briefe sammelt und verteilt, hierher gehören auch die Postablagen nach bayer. Recht, nicht aber blosse Briefkasten und Briefsammlungen, ebensowenig diejenigen Ämter der Post, welche nicht den unmittelbaren äussern Verkehr mit dem Publikum zur

---

[1]) Motive zum Postges. vom 2. Nov. 1867 S. 22. Bericht der L. Kommission des norddeutschen Reichstages S. 11; Laband Bd. II. S. 309; Mittelstein S. 23/24; Dambach S. 13.

Aufgabe haben, wie z. B. das Reichspostamt, die Ober-postdirektionen, die Direktion der kgl. bayer. Posten und Telegrafen und die Oberpostämter u. s. w.

Die Post schliesst ihre Verträge durch zu ihrer Vertretung befugte physische Personen. Als solche kommen in Betracht die Schalterbeamten, soweit die-selben im Dienste sind und innerhalb ihres Geschäfts-kreises handeln; ferner die Landbriefträger; letzteren dürfen gemäss § 24 III R.-P.-O. auf ihren Bestellungs-gängen zur Bestellung unterwegs übergeben wer-den: gewöhnliche oder einzuschreibende Briefe, Post-karten, Briefe mit Zustellungsurkunden, Drucksachen und Warenproben, Postanweisungen und Sendungen mit Wert-angabe, im Einzelnen im Wertbetrage bis zu 150 Mk. [1]

Dagegen vertreten die übrigen in § 24 R.-P.-O. genannten Personen, nämlich die Postbegleiter, Postil-lone, Postboten und Packetbesteller die Post nicht bei Eingehung des Beförderungsvertrages.

Gemäss § 4 I R.-P.-O. muss die Einlieferung der Postsendungen bei den Postanstalten an der Annahme-stelle geschehen, soweit sie nicht in die Briefkasten zu legen sind, jedoch ist es nach § 24 II auch gestattet. Sendungen, welche mittels der Briefkasten zur Einliefe-rung zu bringen sind, den Postbegleitern, Postillonen und Postboten, sowie den Führern der zu Postzwecken dienenden Privatpersonenfuhrwerke zu übergeben.

Ebenso können nach § 24 III R.-P.-O. den Packet-bestellern auf ihren Bestellfahrten Packete ohne Wert-angabe zur Abgabe bei der Postanstalt übergeben wer-den; dieselben nehmen die Packete entweder innerhalb der Häuser selbst, welche sie zum Zwecke der Bestel-lung, bezw. Abholung betreten oder an derjenigen Stelle entgegen, wo ihr Fuhrwerk jeweilig hält.

---

[1] Auch Packetsendungen; zu deren Annahme liegt aber den-selben eine Verpflichtung nicht ob.

Demnach haben meines Erachtens diese Personen nur die Aufgabe die Einlieferung der Postsendungen zu vermitteln und zu deren Vollendung mitzuwirken, indem sie dieselben zur Postanstalt verbringen; ebenso wie den Landbriefträgern auf ihren Bestellungsgängen gewisse Postsendungen zur Abgabe bei der Postanstalt ihres Amtsorts übergeben werden dürfen.

Diese Personen sind dadurch nur befugt und verpflichtet, dem **Absender** bei der **Einlieferung** behilflich zu sein.[1])

So bestimmt auch die bayer. P.-O., dass den Landpostboten gewöhnliche und Einschreibbriefpostsendungen, Postanweisungen und Postaufträge **zur Einlieferung bei der Postanstalt** ihres Stationsortes übergeben werden können (§ 18 IV) und dass gewöhnliche Briefpostsendungen auch den Kondukteuren und Postillonen, wenn dieselben sich unterwegs im Dienste befinden, **zur Einlieferung bei der nächst folgenden Postanstalt** des Kurses übergeben werden können.

Der zweite Kontrahent ist nach der regelmässigen Sprache des Postrechts der „Absender".[2])

Absender ist derjenige, welcher mit der Post den Beförderungsvertrag eingehen will und die Sendung entweder selbst oder durch einen Stellvertreter der Post

---

[1]) Daher werden Einlieferungsscheine (§ 24 V R.-P.-O.) über Wertsendungen, Einschreibsendungen und Postanweisungen nicht durch die Landbriefträger, sondern erst durch die Post erteilt.

[2]) Es finden sich auch die Ausdrücke „Auslieferer" (§ 18 III R.-P.-O.) „Auftraggeber" (§ 19 VII R.-P.-O.); hievon unterscheidet Mittelstein S. 58 Z. 2 den „Einlieferer", der thatsächlich die Sendung einliefert. Der Wechsel des Ausdruckes in Satz 1 und 2 des § 27 P.-O. weist allerdings auf einen solchen Gegensatz; der § 23 II P.-O. versteht darunter nicht bloss aber eine Person, die thatsächlich eine Sendung überbringt, sondern die auch zur Disposition über die Sendung berechtigt ist, die auf aus dem Vertrage entstehende Rechte verzichten kann.

übergiebt. Der Übergeber der Sendung ist daher nicht notwendig der Absender.

Wer der Absender sei, entzieht sich in der Regel der Kenntnis der Post und sie hat auch kein Interesse denselben zu kennen, wenigstens nach dem gewöhnlichen Geschäftsgange; in denjenigen Fällen, in welchen die Einlieferung der Postsendungen durch den Briefkasten erfolgt, kömmt sie überdies mit der Person des Absenders gar nicht in Berührung. [1]

Dass dieser Umstand der vollen Wirksamkeit des Rechtsgeschäftes keinen Eintrag thut, ist zweifellos und auch von Schmidt[2] zugegeben, beruht jedoch sicher nicht auf dem von ihm angeführten Grunde.

Es sei nämlich nach deutscher Rechtsanschauung weder unjuristisch noch dem Leben fremd, dass auch Verträge mit unbestimmten Gläubigern, welche dem Schuldner gegenüber ungenannt bleiben, zustande kommen können.

Dieser Satz ist meines Erachtens jeder Rechtsanschauung fremd. Es ist zwar, wenn auch nicht allgemein anerkannt, eine Vertragsofferte ad incertam personam möglich, aber nicht ein Vertrag mit einer unbestimmten Person oder ein Accept ad incertam personam. [3]

Ein obligatorisches Rechtsverhältnis ist überhaupt nur zwischen bestimmten Personen möglich. Eine Vertragsschliessung mit einer unbestimmten Person ist nicht denkbar. [4] Rechtsgeschäfte sind nur in personam certam

---

[1] Dies ist schon von früheren Schriftstellern hervorgehoben. So Cnyrim l. c. V. Abschnitt: Singulare est, postam ejus, qui de re transportanda contrahit, nomen plerumque nec noscere nec noscere velle.

[2] S. 18/19.

[3] Verfasser muss in diesem Rahmen auf die weitere Widerlegung verzichten, es sei nur hingewiesen auf den Aufsatz von Sohm: Vertragsschluss unter Abwesenden und Vertragsschluss mit einer persona incerta bei Goldschmidt Buch XXVII. S. 56 f. f.

[4] Scheuerl: Beiträge I S. 206.

möglich.[1] Verträge können nur von bestimmten und mit bestimmten Individuen geschlossen werden.[2]

Und die Person des Absenders ist auch wirklich bestimmt. Es macht bei jedem Beförderungsvertrag eine individuell bestimmte Person die Vertragsofferte, weil eben auch eine Offerte, wenn auch in incertam personam, so doch nur durch eine persona certa gemacht werden kann.

Die Unkenntnis der Post von den Merkmalen des Absenders nach Name, Stand, Alter, Geschlecht u. s. w. macht denselben doch nicht zu einer unbestimmten Person; — denn dieselben besitzt er trotzdem und sie unterscheiden ihn von andern Menschen —, sondern nur zu einem unbekannten Menschen, der aber individuell bestimmt ist. Die Vollwirksamkeit unserer Geschäfte liegt eben in dem Grunde, dass sie zwischen personae certae geschlossen sind.

Sobald übrigens ein Interesse der Post an der Kenntnis des Absenders eintritt, hat sie sehr weitgehende Befugnisse, die Person des Absenders zu ermitteln, wie z. B. im Fall § 40 III R.-P.-O.

In gewissen Fällen muss überdies der Absender seinen Namen angeben.

So ist das Formular znm Postauftrage vom Auftraggeber durch Angabe seines Namens und Wohnorts auszufüllen (§ 19 III R.-P.-O.); Nachnahmesendungen müssen in der Aufschrift die genaue Bezeichnung der einliefernden Behörde oder Firma, bezw. den Namen, Stand und Wohnort — in grösseren Städten auch die Wohnung — des Absenders in deutlicher Form enthalten (§ 18 II R.-P.-G.); ferner muss der Absender sich namhaft machen, wenn er über eine Einschreibsendung einen Rückschein zu erhalten wünscht (§ 15 IV R.-P.-O.);

[1] Ihering: Jahrbücher IV S. 93.
[2] Bekker: Jahrbücher II S. 356.

ebenso ist, wenn der Absender eines Packetes im Falle
der Unbestellbarkeit die sofortige Rücksendung vermie-
den zu sehen wünscht, seitens desselben Name und
Wohnung auf der Vorderseite der Begleitadresse anzu-
geben (§ 39 VI R.-P.-O.). Im übrigen ist es in das
Belieben des Absenders gestellt, ob er seinen Namen
oder Firma auf der Aussenseite der Postsendung an-
bringen will. [1]

Wie mir scheint, auf dieser Unbestimmtheit des
Absenders weiter bauend, kommt nun v. d. Osten[2] zu
Schlüssen, welche näher gewürdigt werden sollen. Er
führt nämlich aus: „Wer diesen animus contrahendi (mit
der Post zu kontrahieren) hat, ob ein Volljähriger oder
Minderjähriger, ein Rechtshandlungsfähiger oder Unfähi-
ger, ist ganz einerlei. Der animus contrahendi eines
Volljährigen wird nicht verlangt, der sonst rechtlich
unwirksame Wille eines Kindes genügt. Ein Kind, das
einen unfrankierten Brief einwirft, verpflichtet so womög-
lich noch seinen Vater zur Zahlung des Portos und
Strafportos (wenn der Brief nicht angenommen wird,
Adressat nicht aufzufinden ist) und zwar durch ein
Rechtsgeschäft.

Es ist der Abschluss des Postbeförderungsvertrages
ein rein formeller, und Jeder, der im Stande ist, einen
adressierten Brief einwerfen oder einwerfen zu lassen,
kann Kontrahent werden. Der Vertrag ist gültig ab-
geschlossen.“

Worauf v. d. Osten seine Behauptung gründet, sagt
er nicht. Er sagt nur, der Abschluss dieses Vertrags
sei ein rein formeller. Dass diese Aufstellung nicht hin-
reicht, erhellt, da auch andere formelle Verträge, z. B.
der Wechselvertrag diese Eigentümlichkeiten nicht be-
sitzen.

---

[1] Vergl. R.-P.-O. § 2 I; für Postkarten: P.-O. § 12 I; für
Drucksachen und Warenproben P.-O. § 13 VII, § 14 III.

[2] S. 18 und die Note.

Es erübrigt daher nur bei den geltenden Rechtsvorschriften Umschau zu halten:

Das Postgesetz, wie die P.-O. enthalten darüber
keine Andeutung, welche rechtlich bedeutsamen Eigenschaften eine mit der Post kontrahierende Person haben
müsse.

Bei diesem Schweigen unseres Postsonderrechts
müssen wir daher das H.-G.-B. und die Handelsgebräuche
zu Rate ziehen; allein auch diese Quellen geben keinen
Aufschluss darüber.

Es verbleibt sonach nur das allgemeine bürgerliche
Recht: das Partikularrecht und das gemeine Recht.

Das erstere steht im Wesentlichen auf dem Boden
des gemeinen Rechts. Die Grundregeln des gemeinen
Rechts decken sich aber nicht mit den Rechtsanschau-
ungen v. d. Ostens.

Darnach ist zur Eingehung eines jeden gültigen
Rechtsgeschäftes (und dieses sind die mit der Post geschlossenen Verträge), Handlungsfähigkeit erforderlich.
Handlungsunfähigen fehlt aber die Fähigkeit durch ihre
Willenserklärung diejenige rechtliche Wirkung zu er-
zeugen, auf deren Hervorbringung die Willenserklärung
gerichtet ist.[1]

Die von Handlungsunfähigen mit der Post geschlossenen Verträge sind daher nicht giltig geschlossen.
An diesen Grundregeln jeder Rechtsordnung haben die
für die Post geltenden Vorschriften, trotz der Verein-
fachung der Geschäfte, nach der sie streben muss, nichts
geändert und können nichts ändern, solange die Geschäfte
der Post Rechtsgeschäfte bleiben sollen.

Infantes und furiosi können nie giltige Verträge
mit der Post abchliessen.[2]

---

[1] Ich beschränke mich auf Windscheid Bd. I § 71.

[2] Nach diesen Grundgedanken beantwortet sich auch die von
Prof. Dr. Emil Sehling in seiner Sammlung handelsrechtlicher und
wechselrechtlicher Fälle (Erlangen und Leipzig 1891) zur Beantwortung

Wie weit die übrigen von v. d. Osten genannten Personen dies können, gehört in die Darstellung des gemeinen Rechts.

Eine dritte Person kommt nicht in Betracht; denn der Empfänger wirkt bei der Eingehung des Beförderungsvertrages nicht mit. Die Geschäfte, welche er mit der Post abschliesst, folgen vielmehr aus den zwischen Absender und Post geschlossenen Verträgen.

Ob er aber aus letzteren berechtigt und verpflichtet wird und in welchem Umfange, soll später erörtert werden.

A. Rechte des Absenders.

§ 24. Im Allgemeinen.

Es ist schon an einer früheren Stelle erörtert, in welchem Umfang nach § 3 P.-G., bezw. § 10 a, § 46 der R.-P.-O. die Post zur Eingehung von Verträgen mit dem Absender verpflichtet ist.

Es ist daher nur von den Rechten des Absenders, welche sich aus dem mit der Post abgeschlossenem Vertrage ergeben, zu handeln.

---

gestellte Frage Nr. 116, ob die Post einen Anspruch an ein 5jähriges Kind resp. dessen Vater habe, wenn ersteres während einer augenblicklichen Abwesenheit seines Vaters dessen noch nicht frankierten, vom Absender wegen Nichtfrankatur zurückgewiesenen Brief, aus freien Stücken in den Briefkasten einlegt.

Ein Beförderungsvertrag zwischen Post und Kind ist nicht vorhanden, denn dieses kann keinen Vertrag eingehen, zwischen Post und Vater kam kein Vertrag zustande, denn dieser hat keinen Vertragsschliessungswillen erklärt.

Es kömmt daher lediglich die Verpflichtung aus einer negotiorum gestio und grundlosen Bereicherung in Frage.

Eine negotiorum gestio liegt nicht vor, denn es ist gegen das als erwiesen angenommene Interesse des Geschäftsherrn gehandelt; eine Bereicherung nicht, denn das Vermögen des Vaters erscheint durch diese erfolglose Thätigkeit der Post nicht durch eine Ersparung an Porto verändert.

Ein zeitlich unmittelbar an den Vertragsschluss sich anschliessendes Recht des Absenders ist das Recht auf Erteilung einer Aufgabebescheinigung.

Dieselbe kommt vor bei Sendungen mit Wertangabe, Einschreibsendungen, Postanweisungen, Postaufträgen, Estafettensendungen — hier wird der Schein bei Einlieferungsschein, Aufgabeschein genannt — [1]), Nachnahmesendungen heisst derselbe Bescheinigung [2]) —, bei Beförderung von Reisegepäck — Gepäckschein. [3])

Diese Bescheinigungen sind Beweisurkunden über den Vertragsschluss zwischen Post und Absender, bezw. Reisenden. So wird nach § 27 R.-P.-O. dieEinlieferung solcher Sendungen, über welche die Postanstalt einen Einlieferungsschein auszustellen hat, durch den Einlieferungsschein b e w i e s e n; es steht aber dem Absender, wenn er diesen Schein nicht vorzulegen vermag, jeder andere Beweis über die Einlieferung offen (§ 27 I R.-P.-O.).

Eine weitere Bedeutung haben dieselben für die Nachnahmesendungen, da die Aushändigung der nicht eingelösten Nachnahmesendungen an die Absender von der Rückgabe der Bescheinigung abhängig ist. (§ 18 V R.-P.-O., § 87 XIV bayer. P.-O., nach der Bekanntm. vom 1. Juni 1890). Und ebenso geschieht nach § 29 III R.-P.-O. Die Zurückgabe von Postsendungen, im Falle der Zurückziehung derselben, an denjenigen, welcher ein von derselben Hand, von welcher die Aufschrift der Sendung geschrieben ist, ausgefertigtes Doppel des Briefumschlages, bezw. der Begleitadresse und den Einlieferungsschein abgiebt; ebenso verlangt die bayer. P.-O. § 24 bei Briefpostsendungen die Rückgabe des Einlie-

---

[1]) R.-P.-O. § 6 V, § 15 II. § 16 VII. § 19 VIII. § 20 IV. § 45 VI. bayer. P.-O. § 80, § 20, § 13, 14, § 15, § 16, § 107.

[2]) R.-P.-O. § 18 III soweit es sich um eine Einschreib- und Wertsendung handelt, bayer. P.-O. § 87 VII.

[3]) R.-P.-O. § 53 V, bayer. P.-O. § 124 V.

ferungsscheins und in § 88 bei Packetpostsendungen die Rückgabe des Aufgabescheins.

Diese Bescheinigungen werden wegen der angeführten Bedeutung für die Geltendmachung des Absenders auch Legitimationspapiere genannt. [1]

Der Absender hat ein Recht auf Ausstellung der genannten Scheine; daher ist demselben auch eine Civilklage auf Ausstellung eines solchen Scheines, bezw. bei falscher Ausstellung auf einen richtigen Schein zuzugestehen. [2] Die R.-P.-O. § 27 schreibt übrigens vor, dass der Einlieferer sich nicht zu entfernen hat, ohne den Einlieferungsschein in Empfang genommen zu haben.

Der Absender hat — und dies ist der Hauptinhalt des Vertrags — ein Recht auf Beförderung und Bestellung der Sendung an den Empfänger, bezw. bei der P.-Anweisung auf Auszahlung einer der eingezahlten Geldsumme gleichen Summe an denselben, wie der Reisende ein Recht auf Beförderung seiner Person und des Reisegepäcks an den vereinbarten Ort.

a) Der Absender hat ein Recht auf Beförderung.

In welchem Zeitpunkte der Transport der Postsendungen beginnen müsse und das entsprechende Recht des Absenders hierauf, ist in den P.-O. geregelt. [3]

Darnach erfolgt die Beförderung mit der auf die Einlieferung folgenden nächsten Post, wenn die Einlieferung während der Dienststunden und vor Schlusszeit dieser Post geschehen ist.

Die Schlusszeit beträgt eine viertel bis eine halbe, bezw. eine ganze Stunde. Die Oberpostdirektionen haben jedoch die Befugnis unter gewissen Voraussetzungen dieselbe zu verlängern.

Damit verwandt ist die Bestimmung in Art. 394 Abs. I H.-G.-B. für das Frachtgeschäft, wonach mangels

---

[1] So Mittelstein, S. 57. v. d. Osten, S. 28.
[2] So auch Mittelstein S. 57.
[3] § 25 R.-P.-O.; § 23, 79 bayer. P.-O.

einer vertragsmässigen Vereinbarung die Frist, innerhalb deren der Frachtführer die Reise antreten muss, durch den Ortsgebrauch bestimmt wird, und mangels eines Ortsgebrauches die Reise binnen einer den Umständen angetretenen Frist anzutreten ist.

Wird nach diesem Art. Abs. 2 der Antritt der Reise zeitweilig verhindert, so braucht der Absender die Aufhebung des Hindernisses nicht abzuwarten; er kann vielmehr vom Vertrage gegen Entschädigung des Frachtführers zurücktreten.

Beide Vorschriften leiden jedoch auf die postalischen Verträge nach dem jetzigen Rechtszustande keine Anwendung: Abs. 1 nicht, weil über den Antritt der Reise von der Postordnung ein Anderes bestimmt ist (Art. 421 H.-G.-B.) durch die Regelung der Schlusszeit; Abs. 2 nicht, weil das Postrecht dem Absender in dieser Hinsicht eine viel weitergehende Befugnis eingeräumt hat; denn nach § 29 der R.-P.-O. wie § 24 und § 88 der bayer. P.-O. ist die Zurücknahme einer Postsendung vor deren Zustellung an den Empfänger in das blosse Belieben des Absenders gestellt und zwar mit der Vergünstigung gegenüber dem Absender nach Handelsrecht, dass er der Post gar keine Entschädigung zu leisten braucht; die angeführten §§ bestimmen nämlich, dass von der Postanstalt, wenn die Sendung noch nicht abgegangen ist, das Franko bei Rückgabe des Briefumschlages bezw. der Begleitadresse erstattet wird.

Würde nun nach Annahme der Sendung die Beförderung derselben schlechthin und unbedingt verweigert, so würde es sich in diesem Falle natürlich nicht um eine verzögerte Beförderung (§ 6 P.-G.), sondern um einen rechtswidrigen Zurücktritt vom Vertrage handeln und dem Absender eine Klage auf vollen Schadenersatz in allen Fällen zustehen [1]

---

[1]) Anders Mittelstein S. 58; dagegen geht Meili (die internationalen Unionen) über das Recht der Weltverkehrsanstalten und des

Allein dieser könnte sich meines Ermessens nicht gegen die Post, sondern nur gegen den Postbeamten richten, da nach § 6 P.-G. die Ersatzansprüche des Absenders vom Zeitpunkt der reglementmässig erfolgten Einlieferung geregelt und damit auch ganz unzweifelhaft begrenzt sind. Die Einlieferung ist aber keine Thätigkeit der Post, sondern des Absenders, und zwar die Offerte desselben, zu deren Annahme die Post verpflichtet ist.

b) Der Absender hat ferner das Recht auf Ausführung der begonnenen Beförderung der Sendung innerhalb einer bestimmten Zeit.

Allerdings ist in dieser Beziehung der Post durch die Vorschrift in § 28 R.-P.-O. ein gewisser Spielraum gewährt, da die Postbehörde zu bestimmen hat, auf welchem Wege die Postsendungen zu leiten sind und ihr dadurch die im Interesse der Allgemeinheit besonders in der Wahl nach Art, Schnelligkeit und Routen verschiedenen Bahnzüge notwendige Beweglichkeit im Dienste eingeräumt wird. Allein damit ist ihr nicht die Macht gegeben gegen Treu und Glauben Sendungen etwa wochenlang im Lande herumzufahren oder wie v. d. Osten[2]) meint, Briefe aus politischen Gründen einen Umweg machen zu lassen.

Wie weit die Post aber für eine Verzögerung der Beförderung haftet, soll später bei der sog. Garantie der Post behandelt werden.

In dieser Hinsicht ist auch Art. 394 Abs. 2 H.-G.-B. über die verhinderte Reise des Frachtführers nach dem

---

geistigen Eigentums 1889 S. 25/6 von der richtigen Ansicht aus, wenn er den Vorschlag macht, es soll die Post auch dann haftpflichtig sein, wenn sie Briefe schuldvoller Weise einfach liegen lässt, oder falsch spediert trotz deutlicher Adresse oder wenn Briefe aus schlecht konstruierten Briefeinwürfen von Dritten entwendet werden.

[2]) S. 27.

erwähnten § 29 R.-P.-O. und § 24 und 88 bayer. P.-O. unanwendbar.

Der Absender hat überdies in örtlicher Beziehung nicht nur ein Recht auf Beförderung der Sendung an den zunächst angegebenen Bestimmungsort der Sendung, er kann auch gemäss § 38 R.-P.-O., und § 38, 62 und 97 der bayer. P.-O. die Nachsendung derselben an den jeweiligen veränderten Aufenthaltsort oder Wohnort des Empfängers verlangen und er kann schliesslich in persönlicher Beziehung die Beförderung an einen andern als den ursprünglich von ihm bezeichneten Empfänger verlangen. [1])

Bei Sendungen mit Wertangabe über 400 M. und bei Postanweisungen ist jedoch das Verlangen einer Abänderung der Aufschrift unzulässig.

Ähnlich bestimmt Art. 402 H.-G.-B., dass der Frachtführer den spätern Anweisungen des Absenders wegen Zurückgabe des Guts oder wegen Auslieferung desselben an einen andern als den im Frachtbriefe bezeichneten Empfänger solange Folge zu leisten hat, als er nicht letzteren nach Aukunft des Gutes am Ort der Auslieferung den Frachtbrief übergeben hat. Derselbe findet aber wegen seiner aus Art. 421 sich ergebenden Subsidiarität mit Rücksicht auf die angegebenen postalischen Sondervorschriften hier natürlich keine Anwendung.

c) Der Absender hat ferner ein Recht auf Bestellung der Sendung.

α) Dieselbe muss dem Empfänger rechtzeitig gemacht werden; andernfalls haftet die Post dem Absender gemäss § 6 P.-G. Zu welcher Zeit die Bestellung der Sendungen im Reichspostgebiete zu erfolgen habe, ist nach der R.-P.-O. der Anordnung der Postbehörde überlassen.

---

[1]) § 29 R.-P.-O. und V.-O. vom 13. Dez. 1888, § 24 u. § 88 bayer. P.-O.; in welcher Weise das Verlangen zu stellen ist, siehe ebenda.

Dieselbe bestimmt nach § 33 R.-P.-O., wie oft täglich und in welchen Fristen die Ortsbriefträger die eingegangenen Briefe u. s. w. zu bestellen, und wie oft die Landbriefträger Bestellungen nach Orten, an welchen Postanstalten sich nicht befinden, zu bewirken haben.

Für Bayern[1]) gilt der allgemeine Satz, dass die Zustellung der Postsendungen mit möglichster Beschleunigung zu geschehen hat und den Oberpostämtern obliegt es, im einzelnen zu bestimmen, wie oft täglich und in welchen Fristen die Zustellung der Sendungen zu erfolgen hat.

Besondere Vorschriften[2]) gelten in dieser Beziehung für die durch Eilboten zu bestellenden Sendungen.

β) Die Bestellung hat ferner an dem postordnungsmässigen Orte zu geschehen.

Im allgemeinen ist die Postverwaltung verbunden, die angekommenen Gegenstände den Empfängern in's Haus senden zu lassen, so insbesondere nach § 32 der R.-P.-O.: 1. die gewönlichen und eingeschriebenen Briefe und Postkarten, 2. die gewöhnlichen und eingeschriebenen Drucksachen und Warenproben, 3. die Postanweisungen, 4. die Anlagen zu Postaufträgen, 5. die Begleitadressen zu gewöhnlichen Packeten, 6. die Ablieferungsscheine über Sendungen mit Wertangabe und über Einschreibpackete.

Dagegen müssen nach § 32 II R.-P.-O. Briefe mit Wertangabe, Packete mit Wertangabe, sowie Einschreibpackete und ferner die Geldbeträge auf Grund des Ablieferungsscheins (der Post-Packetadressen, der Postanweisung), gewöhnliche Packete dagegen auf Grund der behändigten Begleitadresse von der Post abgeholt werden, soweit dieselbe nicht die Bestellung übernimmt, was jedoch grösstenteils der Fall ist.

---

[1]) Für Briefpostsendungen § 31; für Packetpostsendungen § 91 P.-O.

[2]) § 21 R.-P.-O ; § 82; § 92 bayer. P.-O.

Auch im bayer. Postgebiete[1]) werden die Brief-postsendungen in der Regel in die Wohnung oder in das Geschäfslokal des Empfängers überliefert, ebenso die Packetpostsendungen; besondere Vorschriften gelten für die Zustellung im Landpostbezirke; dagegen ist die Post nicht verpflichtet, die Zeitungen in die Wohnung der Bezieher zu bestellen.

Abweichende Bestimmungen gelten für postlagernde Sendungen;[2]) diese werden bei der Postanstalt des Be-stimmungsortes zur Empfangnahme aufbewahrt; ferner für die Sendungen, bezüglich deren der Empfänger auf die gewöhnlichen Bestellungsgelegenheiten verzichtet und eine schriftliche nach den Anordnungen[3]] der Postver-waltung abzufassende Abholungserklärung abgiebt und schliesslich für die sog. Bahnhofbriefe.[4])

Eine Einschränkung des Rechts auf Bestellung am Bestimmungsort endlich ergiebt sich in den Fällen, wo eine Aushändigung von Postsendungen an Unterwegsorten stattfindet. Nach § 30 R.-P.-O. und den gleichen Vor-schriften der bayer. P.-O. in den § 30 und 95 kann nämlich die Aushändigung einer Sendung an den Em-pfänger, aber nur an diesen, an einem Unterwegsorte geschehen, wenn den Postbeamten im einzelnen Falle keine Bedenken entgegenstehen und dadurch keine Stö-rung des Dienstes herbeigeführt wird.

Der Absender hat ferner ein Recht auf Bestellung der Sendung an den Empfänger selbst.

Jedoch giebt es hievon Ausnahmen.

---

[1]) § 25; § 89; § 26 und 90; § 60; anders im Falle eines be-sonderen Vertrages § 61.

[2]) § 38 R.-P.-O.; § 29 für Briefpostsendungen und § 94 der bayer. P.-G. bei Packetpostsendungen für Empfänger, welche sich an einem Postorte nur vorübergehend aufhalten.

[3]) § 36 R.-P.O.; §§ 27 und 90 bayer. P.-O.

[4]) § 21a R.-P.-O.; § 28 bayer. P.-O.

Nach § 34 R.-P.O. erfolgt nämlich die Bestellung der Sendung auch an Bevollmächtigte desselben. Hiezu ist jedoch die Hinterlegung einer formgerechten Vollmacht, in welcher die Gattungen der Sendungen genau zu bezeichnen sind, bei der Postanstalt notwendig.

Ferner[1]) können Postsendungen, welche an verstorbene Personen gerichtet sind, an die sich als solche legitimierenden Erben ausgehändigt werden.

Wenn weiter ausser dem Empfänger, wenn auch nur zur nähern Bezeichnung der Wohnung des Empfängers, in der Aufschrift genannt ist, so können gewisse Sendungen an diesen als präsumtiven Bevollmächtigten ausgehändigt werden.[2])

Wenn Empfänger oder Bevollmächtigter in der Wohnung nicht angetroffen oder der Zutritt zu diesen nicht gestatet wird, so werden gewisse Sendungen an einen Haus- oder Geschäftsbeamten, ein erwachsenes Familienglied oder an einen sonstigen Angehörigen, oder an einen Dienstboten, bezw. an den Hauswirt, oder an den Wohnungsgeber oder an den Thürhüter des Hauses bestellt.[3])

Gewisse Sendungen dürfen dagegen nur an den Empfänger oder dessen Bevollmächtigten oder an ein erwachsenes Familienglied derselben, andere nur an Empfänger oder Bevollmächtigten und mit dem Vermerke „Eigenhändig" versehene Sendungen nur an den Empfänger selbst bestellt werden.

Die häufigste Ausnahme bildet schliesslich die Befugnis der Post, gewöhnlich frankierte Briefe, Postkarten,

---

[1]) § 34 I R.-P.-O. nach der V.-O. vom 4. Juli 88.

[2]) § 34 II R.-P.-O.

[3]) § 34 R.-P.-O.; § 34 V. Besondere Vorschriften gelten noch für die Bestellung an Militärpersonen, Zöglinge von Erziehungsanstalten und Kranke in öffentlichen Krankenhäusern. § 34 VIII IX R.-P.-G.

Drucksachen in den Briefkasten[1]) des Empfängers oder dessen Bevöllmächtigten bestellen zu dürfen.

Besondere Vorschriften gelten endlich noch nach § 48 des P.-G. Hat nämlich der Empfänger eine Abholungserklärung gemäss § 36 R.-P.-O. abgegeben, so kann die Post die Sendungen an jeden, welcher sich zur Abholung meldet, aushändigen, sofern nicht zwischen Post und Empfänger ein besonderes Abkommen getroffen ist. Eine Prüfung der Legitimation des sich Meldenden liegt der Post nicht ob.

Diese Bestimmung findet meines Erachtens mit Recht, v. d. Osten (S. 32) sehr bedenklich, da die Post nicht gehalten ist, ein besonderes Abkommen mit dem Empfänger zu treffen und macht den beachtenswerten Vorschlag zur Erschwerung eines Missbrauches dieser Einrichtung die Aushändigung der Sendungen von der Vorzeigung einer auf den Namen des Empfängers lautenden, mit einem Dienstsiegel oder Dienststempel versehenen numerierten Karte oder Marke abhängig zu machen.

Ebenso darf die Post die gewöhnlichen Packete, dann die eingeschriebenen Sendungen und Sendungen mit Wertangabe und bei Postanweisungen die auszuzahlenden Beträge an denjenigen aushändigen, welcher die Begleitadresse, den Ablieferungsschein, die quittierte Post-, Packet-Adresse oder die unterschriebene Postanweisung übergiebt.[2]) Jedoch führt diese Bestimmung weniger leicht zu Missbräuchen, da die betreffenden Bescheinigungen zuvor nach den schon angeführten Regeln an den Empfänger zugestellt werden.

Sehr eingehende, aber nicht beträchtlich abweichende Bestimmungen in dieser Hinsicht enthält auch die bayer. P.-O. in den §§ 25, 26, 27, 28, 29, 33, 89, 90, 94 und 110.

---

[1]) § 34 IV R.-P.-O.
[2]) § 37 R.-P.-O. und § 49 P.-G.

Welche den Rechten des Absenders entsprechende Verpflichtungen die Post hat, wenn die Postsendungen am Bestimmungsorte nicht bestellbar sind, regelt § 31 R.-P.-O. und § 39, 99 und 113 der bayr. P.-O.

§ 25. Die Haftpflicht der Post insbesondere.

Es ist schon im vorigen § an einigen Punkten bemerkt worden, welche Ansprüche dem Absender aus einem vertragswidrigen Verhalten der Post erwachsen, bei den meisten jedoch die Frage offen gelassen worden.

Es soll nun in Folgendem auf diese Frage, welche auch in den postalischen Vorschriften gesondert behandelt ist, im einzelnen eingegangen werden.

Dieselbe findet ihre Beantwortung teils auf Grund des P.-G., teils der P.-O. und eventuell der subsidiären Quellen des Postrechts. Hienach kommt zunächst in Betracht Abschnitt II des P.-G. und die §§ 48 und 49 des Postgesetzes.

Da diese Seite des Postrechts schon wiederholt in vortrefflicher Weise behandelt wurde, so mag dem Verfasser gestattet sein, sich hier möglichst kurz zu fassen.

Der Abschnitt II des P.-G., welcher „Garantie" überschrieben ist, regelt die Haftpflicht der Post bei Personenbeförderung durch die Post und bei andern Geschäften der Post.

Bezüglich der ersteren ist erwähnt der Fall des Verlustes oder der Beschädigung des Passagierguts und der körperlichen Beschädigung eines Reisenden, bezüglich letztern der Fall des Verlustes und der Beschädigung, sowie der verzögerten Beförderung und Bestellung.

Zu dieser zweiten Klasse von Geschäften gehören die Geschäfte, welche zum Gegenstande haben Briefe mit Wertangabe, Packete mit oder ohne Wertangabe, rekommandierte Sendungen und Postanweisungen.

Bei diesen Geschäften, wie bei der Haftung für

Passagiergut ist Voraussetzung die regelmässig erfolgte Einlieferung.

Für Verlust und Beschädigung der Postsendungen wird von der Post Ersatz geleistet nur bei Briefen mit Wertangabe und Packeten mit oder ohne Wertangabe.

Dagegen wird bei Einschreibsendungen, [1]) welchen die Estafettensendungen gleich gestellt sind, nur für den Verlust gehaftet.

Ebenso wird bei ersteren Sendungen für Verzögerung der Beförderung oder Bestellung gehaftet, jedoch nur soweit dieselbe das Verderben der Sache oder den teilweisen oder gänzlichen Verlust ihres Wertes zur Folge gehabt hat.

Von dieser Verbindlichkeit ist die Postverwaltung frei in 3 Fällen:

1. Wenn der Verlust, die Beschädigung oder verzögerte Beförderung oder Bestellung durch die eigene Fahrlässigkeit des Absenders oder

2. durch die unabwendbaren Folgen eines Naturereignisses oder durch die natürliche Beschaffenheit des Gutes herbeigeführt worden ist oder

3. auf einer auswärtigen Beförderungsanstalt sich ereignet hat, für welche die Postverwaltung nicht durch Konvention die Ersatzleistung ausdrücklich übernommen hat; ist jedoch in diesem Falle die Einlieferung bei einer deutschen Postanstalt erfolgt, und will der Absender seine Ansprüche gegen die auswärtige Beförderungsanstalt geltend machen, so hat die Postverwaltung ihm Beistand zu leisten. Leistet die Post nun aber keinen Beistand, so hat der Absender keine Klage gegen die Postverwaltung.

Hiezu treten noch 3 weitere Fälle nach dem P.-G.

4. wenn der Verschluss und die Verpackung der zur Post gegebenen Gegenstände bei der Aushändigung

---

[1]) Bei diesen ist eine Wertangabe nicht zulässig § 15 V R.-P.-O.

9*

an den Empfänger äusserlich unverletzt und zugleich das Gewicht mit dem bei der Einlieferung ermittelten übereinstimmend befunden wird, so darf dasjenige, was bei der Eröffnung am angegebenen Inhalt fehlt, von der Postverwaltung nicht vertreten werden. [1]

5. Wenn bei Wertsendungen in betrüglicher Absicht zu hoch deklariert worden ist, so verliert der Absender jeden Anspruch auf Schadenersatz. [2]

6. Wenn die Postverwaltung in Fällen des Krieges und gemeiner Gefahr durch öffentliche Bekanntmachung jede Vertretung abgelehnt hat.

Zu diesen Bestimmungen kommen noch die Vorschriften in § 8, 9, 10 des P.-G., über die Höhe der Entschädigungsansprüche und in den §§ 13, 14 über die Geltendmachung und Verjährung des Anspruchs.

Bezüglich der Postanweisungen, dass die Post für die auf Postanweisungen eingezahlten Beträge Garantie leistet (§ 6 Abs. 4 P.-G.). Rein negative Bestimmungen über die postalische Haftpflicht enthalten § 12, 48, 49 P.-G.

Übersieht man diese Vorschriften, so ergiebt sich erstens, dass nicht alle Geschäfte der Post durch Haftpflichtbestimmungen betroffen werden und dass ferner nicht alle nach Gesetz und Reglement dem Absender aus den behandelten Geschäften zustehenden Rechte, im Falle die Post demselben zuwiderhandelt, mit entsprechenden Entschädigungsansprüchen gegen die Post versehen sind.

Dagegen sind in den P.-O. noch eine Reihe von hier einschlagenden Fragen entschieden, wobei der Einwand, die R.-P.-O. habe gar keine Bestimmungen über das Mass der Haftung der Post treffen können, unberechtigt erscheint. [3]

---

[1] § 7 P.-G.

[2] § 8 Abs. II P.-G.

[3] Dies ist auch begründet in einer E. des R.-G. Entsch.-B. XIX (1888) S. 106.

Nur nach R.-P.-O. § 19 bestimmt sich zunächst die Haftung für Postauftragssendungen zur Einziehung von Geldbeträgen § 20 für Postauftragssendungen zur Einholung von Wechselaccepten und § 20 a für Postauftragssendungen zu Bücherpostsendungen.

Ferner ist nach R.-P.-O. § 11 für bedingt zur Postbeförderung zugelassene Gegenstände ein Ersatzanspruch gegen die Post ausgeschlossen, wenn durch die Natur des Inhalts der Sendung oder durch die Beschaffenheit der Verpackung während der Beförderung eine Beschädigung oder ein Verlust entstanden ist; ebenso ist die Haftpflicht abgelehnt bei Beförderung von ordnungswidrig beschaffenen Sendungen gemäss § 23 und nach § 37 bei Aushändigung der Sendungen nach erfolgter Behändigung der Begleitadressen und der Ablieferungsscheine, sowie Auszahlung baarer Beträge.

Da nun auch an der Hand dieser Bestimmung für das Reichspostrecht eine Reihe von Verbindlichkeiten der Post im Falle ihrer Nichterfüllung mit Rechtsfolgen nicht ausgestattet sind, so hat man dieselben entweder verneint, oder nach subsidären Rechtsquellen bemessen.

So hebt Mittelstein S. 37 hervor, dass durch die Bestimmungen des Absch. II P.-G. nicht die Möglichkeit sonstiger Ersatzansprüche gegen die Post hat ausgeschlossen werden sollen.

So müsse wegen Nichtannahme reglementwidriger eingeführter Sendungen eine Klage gegen die Post zugestanden werden.[1]

Dieser Meinung ist jedoch nicht beizupflichten.

Mit Recht fordert Meili,[2] dass die Verletzung des Kontrahierungszwanges mit klaren Rechtsfolgen ausgerüstet werde und dass wenigstens eine Minimalentschädigung festgesetzt werde und verneint eine Haftung der Post.

---

[1] S. 37 u. 35; ebenso Schott S. 539 und 545; Cossak S. 378.
[2] Transport S. 87.

Allerdings verpflichtet § 3 P.-G. die Post zum Kontrahieren und die Nichtannahme ordnungsmässiger Sendungen ist eine Verletzung dieser Pflicht.

Allein hier eben entgegen der Meinung der angeführten Schriftsteller die Bestimmung des P.-G. § 6 ff. in Anwendung.

Der Absch. II des P.-G. befasst sich nicht mit der Haftung der Post für angenommene [1]) Sendungen, sondern wie aus Abs. 1 § 6 erhellt, mit reglementmässig eingelieferten Sendungen.

Die reglementmässige Einlieferung setzt aber als handelndes Subjekt den Absender, nicht die Post voraus; sie ist eine Thätigkeit des Absenders, nicht der Post und schliesst nicht die daraus erst folgende Annahme der Post in sich. Die Haftpflicht der Post ist mit Rücksicht auf den postalischen Kontrahierungszwang in diesem Abschnitt schon von dem Augenblick der Offerte des Absenders an behandelt.

So ist auch in § 6 Abs. V die Haftung für gewöhnliche Briefe — und diese sind in die Briefkästen einzuliefern — sicher vom Augenblicke der reglementmässigen Einlieferung an ausgeschlossen, von welcher die Annahme derselben zeitlich oft sehr getrennt ist.

Da nun die Post für Verweigerung der Annahme von Postsendungen keine positiven Verschriften trifft und nach § 12 P.-G. jede weitere Entschädigung ablehnt, sowie nach § 51 P.-G. alle bisherigen allgemeinen und besonderen Bestimmungen über Gegenstände, worüber das P.-G. verfügt, aufgehoben sind, so rechtfertigt sich vielmehr der Schluss, dass der Absender nur ein Recht der Beschwerde und eine Klage gegen den sich weigernden Postbeamten hat. Das P.-G. regelt ferner nur den Fall der verzögerten Beförderung oder Bestellung, nicht den Fall der Verweigerung der Beförderung oder Nachsendung oder der Bestellung.

---

[1]) So Mittelstein S. 86.

Auch hier vertritt M i t t e l s t e i n [1]) ein Klagerecht des Absenders gegen die Post, während M e i l i [2]) die Aufstellung einer darauf hinzielenden Haftpflicht befürwortet.

Es kann hier ebenfalls aus den gleichen Gründen nur eine Beschwerde und ein Klagerecht auf Ersatz gegen den betreffenden Beamten zugestanden werden.

Ebensowenig haftet, weil die betreffenden Vorschriften darüber schweigen, die Post für Aushändigung der Sendung, wenn eine unberechtigte Person, soweit damit nicht ein Verlust oder eine Beschädigung oder eine verzögerte Beförderung und Bestellung von Sendungen, für welche sie haftet, in Frage steht.

Es ist daher meines Erachtens nicht von dem Satze auszugehen: Die Post haftet, sofern Gesetz und Reglement nichts bestimmt, nach anderen subsidiären Rechtsvorschriften, sondern von dem Satze, welcher auch dem ganzen Wesen der postalischen Einrichtungen angemessener ist: Die Post haftet nur soweit sie die Haftung nach P.-G. und P.-O. übernommen hat.

Nicht zu billigen scheint mir demgemäss die Meinung des Reichsgerichts,[3]) es biete das P.-G. keinen genügenden Anhalt dafür, dass dadurch für Ländergebiete, für welche zufolge des Art. 1384 code civil eine Haftung der Postverwaltung für Handlungen eines Bediensteten derselben auch ausserhalb eines Vertragsverhältnisses mit der Postverwaltung eintreten kann, dem Absender die Möglichkeit entzogen sei, unabhängig von seinem Vertragsverhältnisse mit der Postverwaltung und den hieraus sich ergebenden rechtlichen Beziehungen zwischen ihm und derselben die Postverwaltung auf Grund das Art. 1384 code civil wegen des durch die Handlungsweise eines Bediensteten der Postverwaltung ihm erwachsenen Schadens in Anspruch zu nehmen und

---

[1]) S. 58.

[2]) Die internationale Union S. 25/6.

[3]) E. in Civils. B. XIX S. 105/6.

so nach Umständen auch einen Ersatz durch die Postverwaltung da zu erreichen, wo bei blosser Anwendbarkeit des P.-G. und der P.-O. ein Ersatz durch die Postverwaltung für den Absender nicht zu erzielen wäre.

Geht man zuerst davon aus, dass die Postverwaltung nur in der Form von Vertragsverhältnissen mit dem
Publikum in Berührung kommt und dass sie für Handlungen ihrer Organe, mögen es Rechtsgeschäfte oder
Delikte sein, nicht haftet und dass es, soweit dieselben
amtliche Handlungen vornehmen für die Frage der Haftung der Post nicht darauf ankommt, ob diesen Organen
irgend eine Schuld oder welche Art von Schuld zur Last
fällt,[1] so ist meiner Meinung nicht abzusehen, wie eine
Handlung der Post ausserhalb eines Vertragsverhältnisses
mit ihr eintreten kann. Es lassen sich höchstens die
vertragswidrigen dolosen amtlichen Handlungen der
postalischen Organe in solche, welche zugleich einen
Deliktsthatsbestand erfüllen und solche, welche nur
privatrechtliche Folgen haben, einteilen.[2]

Ferner ist aber, nachdem durch § 12 des P.-G.
jede weitere Haftung der Post abgelehnt ist und durch
§ 51 P.-G. alle entgegenstehenden allgemeinen und besonderen Bestimmungen aufgehoben sind und die ein-
schlägige Stelle der P.-O. (§ 20 XII) eine derartige Haf-

---

[1] Die Entscheidung sagt S. 105 selbst: Wie daher die Postverwaltung einerseits (vergl. § 6 P.-G.), soweit sie überhaupt eine
Haftung übernommen, ihre Ersatzverbindlichkeit nicht an den Nachweis
geknüpft hat, dass die Post ein Verschulden treffe und nur gewisse
Befreiungsgründe von der Ersatzverbindlichkeit in Anspruch nimmt, so
komme es ihr andererseits darauf an in jenem Bereiche, für welchen
sie Haftung nicht übernehmen wollte, eine Haftbarkeit auch nicht im
einzelnen Falle wegen eines besonderen Grades des Verschuldens eines
Bediensteten der Postverwaltung zu übernehmen.

[2] Die Beurkundung des gefälschten Accepts der Wechsel auf
der Postauftragskarte als eines echten, war meines Erachtens eine unrichtige Beurkundung seitens der Post, während die postordnungs- und
vertragsmässige Beurkundung, allerdings aus Arglist ihres Vertreters nicht
erfolgte.

tung nicht enthält, meines Erachtens eine weitere, ausdrückliche Aufhebung solcher Bestimmungen, wie in Art. 1384 code civil nicht notwendig. [1])

Eine besondere Erwähnung soll nur noch die Haftung der Post aus dem Postanweisungsvertrage finden.

Das P.-G. bestimmt: Für die auf Postanweisungen eingezahlten Beträge leistet die Postverwaltung Garantie.

Dieser Absatz ist sprachlich, abgesehen von dem Worte Garantie, sehr unglücklich gefasst. Für diejenigen Beträge, welche der Post eingezahlt worden sind, haftet die Post sozusagen nur sich selbst. Sie sind ihr Eigentum. Der Anspruch des Absenders, bezw. die Haftpflicht der Post kann nur zum Inhalt haben Annahme, Beförderung, ev. Nachsendung und Bestellung des Postanweisungsformulars sowie die Annahme des Einzuzahlenden Geldbetrags einerseits und Auszahlung eines dem eingezahlten Betrage gleichen Betrages (nicht derselben Geldstücke) an den Empfänger, event. die Rückzahlung an den Auftraggeber andererseits.

Und ferner ist nicht gesagt, für welche Fälle der Nichterfüllung des Postanweisungsvertrages die Post Ersatz leistet.

Dass die Post für Verlust, Beschädigung oder verzögerte Beförderung der eingezahlten Geldstücke nicht haftet, ist zweifellos, da eine Gattungsschuld und andererseits kein Transport der Geldstücke in Frage steht; dass sie die Annahme der Geldstücke und des Formulars nicht verweigern darf, ergiebt sich aus der bisherigen Darstellung; eine Haftung trifft sie nicht. Ebensowenig haftet die Post für Verlust, Beschädigung, verzögerte Beförderung und Bestellung des Postanweisungsformulars, da dieses nicht unter die in den vorhergehenden Absätzen des § 6 P.-G. erwähnten Postsendungen fällt; ja sie

---

[1]) So auch Mittelstein S. 38; Schmidt in Gruchots Beiträgen zur Erläuterung des deutschen Rechts B. XXXIII S. 194 stand mir leider nicht zur Verfügung.

haftet nach § 17 X P.-O. nicht einmal für rechtzeitige
Auszahlung des zu übermittelnden Betrages. Sie kann
daher nur für richtige Auszahlung des schuldigen Betrages an den Empfänger oder Rückzahlung desselben
an den Auftraggeber haften und dass sie auch in diesem
Fall nur für dolus und culpa ihrer Organe aufzukommen
hat und wenigstens so weit eine eigene Fahrlässigkeit
des Absenders unterläuft, befreit ist, scheint mir mit
D a m b a c h [1]) gewiss. Es schrumpft sonach die „Garantie"
praktisch zu einem Schatten zusammen.

Es mag nun nach der Eingangs gemachten Bemerkung gestattet sein, auf die bislang wenig oder gar nicht
beachteten Bestimmungen der bayr. P.-O. zu kommen.

Die hauptsächlichsten positiven Bestimmungen über
vorliegende Frage finden sich in den §§ 42, 43, 63, 101,
102, 103, 114, 127 und 140 der P.-O. Dieselben enthalten, wie ihr Inhalt zeigt, für ihr Gebiet zugleich
mehrfache Lösungen der im Vorhergehenden übergangenen,
aber lebhaft erörterten Haftpflichtfragen und zugleich
meines Erachtens ein verwendbares Beweismittel für die
Unterstützung der mit ihnen übereinstimmenden Meinungen.

Die Vorschriften hierüber sind nach der betriebstechnischen Einteilung der P.-O. getrennt in Haftung
der Post für Briefpostsendungen (§ 42), für Zeitungen
(§ 63), für Packetpostsendungen (§ 101, 102 und 103),
für Estafetten (§ 114), für Personenbeförderung (§ 127
und 140).

Für Briefpostsendungen gilt hienach:

1. Bei eingeschriebenen Briefpostsendungen haftet
die Postverwaltung des Aufgabeortes nur im Falle des
V e r l u s t e s.

Derselbe muss sich ereignen innerhalb des deutschen Reiches oder Österreichs - Ungarn, während der

---

[1]) S. 42; vergl. auch Mittelstein, S. 38/39.

Zeit, innerhalb deren sie sich im Verwahre der Postanstalt befinden und darf nicht durch unabwendbare
Folgen von Naturereignissen herbeigeführt sein.

Sie haftet nicht für die Beschädigung und Verzögerung von Beförderung oder Bestellung der Briefpostsendungen.

2. Bei Postanweisungen haftet sie für die eingezahlten Beträge, wie für Sendungen mit baarem Gelde.[1]

Geht insbesondere eine Postanweisung vor Zustellung an den Empfänger zu Verluste, so wird die eingezahlte Summe zurückgezahlt.

Dieser Fall ist nach Reichspostrecht nicht geregelt;
ich glaube, dass auch nach diesem dieser Umstand als
ein Fall angesehen werden muss, in welchem die Rück-
zahlungspflicht der Post eintritt.

3. a) Die Postauftragsbriefe zur Einziehung von
Geldbeträgen und zur Einholung von Wechselaccepten
stehen bezüglich der zur Versendung hiebei gelangenden
Gegenstände gleich den eingeschriebenen Briefpostsendungen (siehe 1.); bezüglich der eingezogenen Beträge gleich den Postanweisungen (siehe 2.).

Eine weitere Haftung, insbesondere für rechtzeitige Vorzeigung oder rechtzeitige Rücksendung des
Postauftrags nebst Anlage wird nicht übernommen, auch
für Erfüllung der besonderen Vorschriften des Wechsel-
rechts.

b) Bei Postaufträgen zu Bücherpostsendungen haftet
die Post, was die Sendung anlangt, nicht; insbesondere
nicht für Verlust, Beschädigung, rechtzeitige Vorzeigung,
Bestellung, Rücksendung u. s. w. Ist sie eingeschrieben,
so haftet die Post natürlich wie für Einschreibsendungen[1] überhaupt.

Was die eingezogenen Beträge anlangt, so leistet
sie Ersatz wie für Posanweisungen (siehe 2.).

---

[1] Vergl. die Haftung bei Packetsendungen.

4. Für Verzögerung der Beförderung oder Bestellung von Briefpostsendungen wird überhaupt kein Ersatz geleistet; ebenso nicht für den nicht angegebenen Wertinhalt von Briefen.

Besondere Vorschriften für die Geschäfte der Landpostboten (§ 43).

1. Für die von den Landpostboten auf ihrem Dienstgange im Landpostbezirke in Empfang genommene Briefpostsendungen haftet die Postanstalt bei unmittelbarer Einlieferung, wenn dieselben in dem Annahmebuch des Postboten eingetragen sind.

Ferner haftet die Post für die an die Postboten erfolgten Einzahlungen auf Postanweisungen, sowie für diejenigen Geldbeträge, welche denselben zur Einlieferung an die Postanstalt behufs Bestellung von Zeitungen behändigt werden im Falle der Eintragung im Annahmebuch wie für Geldsendungen.

2. Haftet sie für die durch die Postboten zur Auszahlung an die Empfänger erhobenen Beträge für Postanweisungen wie für Geldsendungen.

Für den Zeitungsdienst enthält der § 63 wesentlich negative Bestimmungen. Die Post leistet keinen Ersatz für Abgang von Zeitungen oder Verspätungen derselben, dieselbe würde sich jedoch angelegen sein lassen, den Ersatz abgängiger oder beschädigter Exemplare vom Verleger nachgeliefert zu erhalten und dieselben auch unentgeltlich nachsenden, wenn die Ersatz- oder Nachforderung rechtzeitig erhoben wird.

Die Bestimmungen über Haftung der Post bei dem Packetpostdienst finden sich in den §§ 101, 102, 103 P.-O. Darnach haftet die Post bezüglich der ihr ordnungsmässig zur Beförderung übergebenen Packetpostsendungen.[1])

---

[1]) § 101 Abs. L.

1. Für deren richtige Beförderung[1]) und Bestellung, wenn die Sendungen innerhalb Bayern verbleiben oder nach den übrigen Ländern des deutschen Reichs oder nach Österreich-Ungarn bestimmt sind.

2. Für deren richtige Beförderung bis zur Auslandsgrenze eines der oben genannten Postgebiete und für die unbeschädigte Auslieferung daselbst an die betreffende auswärtige Beförderungsanstalt, wenn die Sendungen nach dem Auslande bestimmt sind, und leistet dem Absender für den unmittelbaren Schaden Ersatz, welcher durch verzögerte Beförderung oder Bestellung, durch Beschädigung oder Verlust der Sendungen während der Zeit entstanden ist, innerhalb deren sich dieselben in Bayern oder in einem der vorgenannten Staaten im Verwahr der Posanstalt befinden.

Der Post obliegt der Gegenbeweis, dass eine eigene Fahrlässigkeit des Absenders in Mitte liegt und insbesondere die verzögerte Beförderung oder Bestellung, die Beschädigung oder der Verlust der Sendungen aus einer den Vorschriften der P.-O. nicht genügenden Aufschrift, Verpackung oder Verschliessung hervorgegangen ist.

Es trifft sohin in diesen Punkten nicht den Absender der Beweis der Reglementmässigkeit seiner eingelieferten Sendungen, sondern die Post der Gegenbeweis der Reglementwidrigkeit derselben.[2])

Dagegen ist es Sache des Absenders bei Beschädigungen am Inhalt einer Sendung mit Ausnahme des Falls, in welchem eine vorhandene, äusserlich erkennbare Beschädigung in unzweifelhafter, unmittelbarer Beziehung zu der vorhandenen innern Beschädigung steht, die Aufgabe des unbeschädigten Inhalts nachzuweisen.[2])

---

[1]) Aus dem nachfolgenden Satz ergiebt sich, dass unter richtiger Beförderung und Bestellung nur die der Zeit nach richtige zu verstehen ist.

[2]) § 101 V und VII.

Für den Ausnahmefall trifft wieder die Post zur Befreiung von der Haftung der Gegenbeweis.

Damit ist eine Frage, über deren Beantwortung für das Reichspostrecht lebhafter Streit geführt wird, nämlich die Frage, wer die Beweislast über Reglementmässigkeit, bezw. Reglementwidrigkeit trägt, berührt. Während D a m b a c h [1]) und L a b a n d [1]) dem Absender die Beweislast der Reglementmässigkeit aufbürden, ist M e i l i, [2]) v. d. O s t e n [2]) entgegengesetzter Meinung.

Vergleicht man damit die Bestimmungen der bayer. P.-O., so trifft meines Erachtens M i t t e l s t e i n [3]) ganz in diesem Sinn derselben das Richtige, wenn er sagt: „Nach allgemeinen Rechtsgrundsätzen erzeugt die anstandslose Annahme einer Sendung die Präsumtion der ordnungsmässigen Einlieferung, soweit es sich um die äusserlich erkennbare Beschaffenheit der Sendung handelt, während im Übrigen dem Absender die Beweislast obliegt.

Ersetzt wird nach der bayer. P.-O. nur der unmittelbare Schaden, welcher durch den Verlust, die Beschädigung oder Verzögerung entstanden ist und bei Verzögerung nur soweit dieselbe den Verderb oder den gänzlichen oder den teilweisen Verlust der Sendung zur Folge hatte. Dagegen braucht der Verderb oder Verlust nicht die unmittelbare Folge der Verzögerung zu sein.

Die Höhe der Ersatzleistung ist genau geregelt in § 103, ausgeschieden nach den Fällen des Verlusts, der Beschädigung und Verzögerung der Beförderung von Sendungen.

I. In Verlustfällen (§ 103 I) besteht die Entschädigung

---

[1]) S. 33 und L a b a n d II S. 337.
[2]) M e i l i, Haftpflicht S. 38; v. d. O s t e n S. 41.
[3]) S. 44.

a) für Sendungen mit Wertangabe in dem Ersatze des vom Absender angegebenen Wertes.

Es findet als nicht im Verhältnis des angegebenen Wertes und des wirklichen Wertes der Sendung sich bemessende Entschädigung statt.[1]

Der Post obliegt der Beweis einer den gemeinen Wert der Sache übersteigenden Wertangabe; gelingt derselbe, so wird jener aber auch ganz ersetzt.

b) Für Sendungen ohne Wertangabe besteht die Entschädigung (§ 103 I) in dem Ersatz des wirklich erlittenen Schadens bis zum Meistbetrage von 3 M. für je 500 Gr. oder einen Teil derselben.

c) Bei eingeschriebenen Packetpostsendungen in dem Ersatze von 42 M., event. aber nach lit. b.

II. Bei Beschädigungen (§ 103 VIII) wird der wirkliche ermittelte Schaden und zwar

a) Bei Sendungen mit Wertangabe bis zum Betrage des angegebenen bez. gemeinen Werts, welcher im Verlustfalle zu ersetzen sein würde, ersetzt. Es bildet auch hier also die Wertangabe lediglich die Meistgrenze für den Entschädigungsanspruch, nicht, wie bei Versicherungen den Massstab der vom Versicherer und Versicherungsnehmer nach Verhältnis des versicherten Wertes zur wirklichen zu tragenden Gefahr.

b) Bei Sendungen ohne Wertangabe, wie bei eingeschriebenen Packetpostsendungen besteht die Ersatzleistung in einem Betrage von 3 M. für je 500 gr.

III. Im Falle der Verzögerung der Beförderung oder Bestellung (§ 103 IX) wird der Ersatz je nach Beschaffenheit des Falles, des ganzen oder teilweisen Inhaltsverderbs oder Wertverlustes nach dem Verluste und Beschädigung bereits erwähnten Vorschriften bemessen.

---

[1] Dies wird mit Unrecht bestritten; zustimmend **Dambach** S. 50/51 cf. § 8 P-G.

Für Estafettensendungen gelten die Vorschriften des § 114. Darnach haftet die Post für dieselben, wie für eingeschriebene Sendungen und leistet ausserdem Ersatz der Estafettenkosten.

Im Falle einer bedeutenden, nicht entschuldbaren Verzögerung in der Beförderung oder Bestellung innerhalb Bayern werden ausserdem noch sämtliche bei der Aufgabe erlegten Kosten der Estafette zurückerttattet. Im Übrigen kommen die §§ 42 und 103 (für Packetpostsendungen) zur Anwendung.

Fast gleichlautende Vorschriften gelten im Reichspostgebiete und im bayr. Postgebiete.

Nach § 11 des P.-G., wie § 127 bayer. P.-O. leistet die Postverwaltung Ersatz nur bei Reisen mit den ordentlichen Posten und zwar:

1. Für den Verlust oder die Beschädigung des reglementmässig eingelieferten Passagiergutes nach Massgabe des § 8 und 9 P.-G., bezw. § 103 bayer. P.-O. Letztere schliesst noch ausdrücklich die Haftung für das uneingeschriebene, dem Reisenden nach § 124 bayer. P.-O. zur eigenen Beaufsichtigung überlassene Handgepäck aus und

2. für die erforderlichen Kur- und Verpflegungskosten im Falle der körperlichen Beschädigung eines Reisenden, wenn dieselbe nicht erweislich durch höhere Gewalt oder durch eigene Fahrlässigkeit des Reisenden herbeigeführt ist.

Die Frage, ob die Post auch im Falle der Tötung eines Reisenden haftet, ist genau genommen schief gestellt. D a m b a c h bejaht sie, denn die Tötung sei nur der schwere Fall einer Körperverletzung und die Verpflichtung der Post könne daher keine geringere sein, als bei der „blossen körperlichen Beschädigung des Reisenden.“

Die Sache liegt vielmehr so. Verursacht das schädigende Ereignis sofort den Tod des Reisenden, dann ist jede Haftung der Post ausgeschlossen, weil die Möglichkeit einer Kur oder Verpflegung hinweggefallen ist. Tritt der Tod nicht sofort ein, so liegt eben zunächst körperliche Beschädigung des Reisenden vor, für welche dann Kur- und Verpflegungskosten erwachsen können, die, soweit erforderlich, von der Post getragen werden. Ob dieselben dann eine Heilung zu Folge haben oder ob trotz der angewandten Mittel der Tod eintritt, ist natürlich gleichgiltig.

Für die Beerdigungskosten des Getöten trägt die Post keine Haftung.[1]) Mit Recht wendet sich Meili[2]) gegen diese enge Grenze der Haftpflicht, welche die gerechtfertigsten Forderungen ausschliesst.

Bei der Extrapostbeförderung schliesslich wird weder für den Verlust oder die Beschädigung an Sachen, welche der Reisende bei sich führt, noch bei einer körperlichen Beschädigung desselben Entschädigung von der Postverwaltung geleistet (§ 11 Abs. II P.-G. und § 140 bayer. P.-O.). Letztere enthält noch den Zusatz, dass die Extrapostreisenden ihre Entschädigungsansprüche gegen den Posthalter geltend machen können. Dies gilt auch für das Reichspostrecht.

Vergleichen wir hiemit zum Schluss den gewöhnlichen Frachtführer nach den für ihn geltenden Vorschriften in Art. 390—420 H.-G.-B. mit der Post, so zeigt sich, dass jener bald günstiger, bald ungünstiger gestellt ist.

Nach Art. 395 haftet der Frachtführer bei Verlust und Beschädigung des Frachtgutes, sofern er nicht beweist, dass der Verlust oder die Beschädigung durch höhere Gewalt oder durch die natürliche Beschaffenheit des Gutes entstanden ist.

Die Postverwaltung haftet (§ 6 P.-G.) auch für

---

[1]) Dambach S. 59.
[2]) Haftpflicht S. 111.

höhere Gewalt, ausgenommen die unabwendbaren Folgen eines Naturereignisses.

Dagegen haftet der Frachtführer für Verlust und Beschädigung jedes Frachtgutes, ausgenommen Kostbarkeiten, Gelder und Wertpapiere, wenn ihm diese Beschaffenheit oder der Wert des Gutes nicht angegeben ist.

Die Post haftet aber nur für gewisse Güter.

Der Frachtführer haftet ferner nach Art. 396 des H.-G.-B. immer auf den gemeinen Handelswert oder gemeinen Wert des Gutes.

Die Post hingegen, bei gewöhnlichen höchstens auf den Betrag von 3 M. für 1 Pfd. der Sendung und bei Einschreibsendungen und Estafettensendungen nur auf die Summe von 42 M.

Dagegen kann jener, was zufolge Verlustes oder Beschädigung des Gutes nach Unkosten erspart ist, von seiner Entschädigungssumme in Abzug bringen; die Post muss überdies das etwa gezahlte Porto erstatten und darf auch bei Nichtfrankatur das Porto nicht in Anrechnung bringen (vergl. § 44 IV R.-P.-O.).

Der Frachtführer haftet nach Art. 397 für Versäumung der bedungenen oder üblichen Lieferungszeit, wenn er nicht beweist, dass er die Versäumung durch Anwendung der Sorgfalt eines ordentlichen Frachtführers nicht habe abwenden können.

Die Post ist für Verzögerung der Beförderung oder Bestellung nur bei wenigen Sendungen ersatzpflichtig, gegebenen Falls aber andererseits auch, wenn keine culpa oder dolus ihrer Organe in Mitte liegt.

Der Frachtführer haftet überdies nach Art. 398 für eine eventuell bedungene Konventionalstrafe; bei der Post ist dieses Geding ausgeschlossen.

Natürlich findet damit auch der Art. 399 auf sie keine Anwendung.

Der Frachtführer nach Art. 401 bei Übergabe des

Gutes an einen andern Frachtführer für diesen und die etwa folgenden Frachtführer bis zur Ablieferung, die Post dagegen vertritt nicht den Schaden, welcher sich auf einer auswärtigen Beförderungsanstalt ereignet hat, sofern sie nicht durch Konvention die Ersatzleistung ausdrücklich übernommen hat (§ 6 P.-G.).

Der Frachtführer wird nach Art. 408 durch Annahme des Gutes und Bezahlung der Fracht von jeder Verpflichtung frei; die Post darf bei vorbehaltloser Annahme einer Sendung nur das, was an dem angegebenen Inhalt derselben fehlt, nicht vertreten (§ 7 P.-G.), jedoch ist ein Beweis, welcher sie haftbar macht, zulässig.

Daraus ergiebt sich die Folge, dass die Vorschriften von Art. 395—401 einschliesslich, sowie in Art. 408 mit Rücksicht auf deren aus Art. 421 fliessenden Subsidiarität auf das Postrecht keine Anwendung finden.

Es geniesst sohin, wie dieser Vergleich und die vorangehende Dastellung zeigt, die Post hinsichtlich der Haftpflicht weitgehende Vorrechte gegenüber dem gewöhnlichen Frachtführer und es ist auch in der Litteratur vielfach der Wunsch geäussert worden, dieselben aufzuheben und die Post ganz dem Handelsrecht zu unterstellen und es mag sich auch empfehlen in einigen berührten Punkten die Haftpflicht anders zu bestimmen.

Allein es fällt, wie auch die Beratungen der gesetzgebenden Körperschaften hervorheben [1]) hiegegen in die Waagschale, dass das eigene Interesse des Publikums erfordert, die Haftpflicht der Post in engen Grenzen zu halten, da sonst die Post ihrerseits in die Zwangslage gerät, zu ihrer Sicherheit Vorsichtsmassregeln zu treffen, welche die Beweglichkeit der postalischen Thätigkeit zu

---

[1]) Bericht der Kommission des nordd. Reichstages S. 14 ff.; stenograph. Berichte des deutschen Reichstages 1871 S. 684. S. 685; auch Dambach S. 81; Meili Haftpflicht.

einer schwerfälligen machen, das Publikum belästigen, die Beförderung verlangsamen.

Zum Schluss ist nur noch ausdrücklich festzustellen, dass der Träger aller Ersatzansprüche gegenüber der Post lediglich der Absender oder dessen Rechtsnachfolger, nicht der Empfänger, welcher die Sendungen annimmt, ist.

Dieser ist in § 42 VI und in § 102 I der bayer. P.-O. auch positiv zum Ausdruck gelangt.

§ 26. Die Rechte des Empfängers.

Zieht man bei der Frage, ob der Empfänger überhaupt irgend welche Rechte auf Grund des zwischen Post und Absender geschlossenen Vertrages gegenüber der Post besitzt, P.-G. und P.-O. zu Rate, so ergiebt sich:

1. Die Ersatzansprüche aus den zwischen Post und Absender geschlossenen Verträgen von der Einlieferung der Sendung bis zu Erklärung des Vertrags seitens der Post stehen dem Absender zu und nur diesem. [1]

2) Ferner ist an einigen Stellen der postalischen Vorschriften von Verbindlichkeiten der Post gesprochen, [2] wer Träger der entsprechenden Rechte sei, ist nicht gesagt.

3. In nahezu allen postalischen Vorschriften ist nur der thatsächliche Vorgang, nach welchem die Postgeschäfte sich abwickeln entgegen einer genauen rechts-

---

[1] Vgl. Abschnitt II P.-G.; Dambach S. 31; Laband II S. 349; Mittelstein S. 58. Die vielfach beliebte Argumentation des P.-G. regeln Ansprüche des Absenders und eben nur diese, infolge dessen bestimmten sich die Ansprüche des Empfängers nach andern Regeln, ist entschieden unrichtig. Man könnte dieses „nur" auch auf die vom P.-G. nicht berührten möglichen Ansprüche des Absenders dann ebenso anwenden und so fast alle postalischen Rechtsverhältnisse auf den Boden des gewöhnlichen Rechts wieder zurückführen; es gilt hier nach der ganzen Fassung des Postrechts der Satz: unius positio est alterius exclusio.

[2] Z. B. § 32 R.-P.-O.

wissenschaftlichen Fassung zum Ausdruck gelangt. Es ist nichtsdestoweniger nach § 50 P.-G. gewiss, dass damit auch die der Thatsache entsprechenden Pflichten bezeichnet sind. Wem gegenüber diese Pflichten bestehen, erhellt natürlich nicht.

4. Nur an einigen Stellen der R.-P.-O. wie § 36 I [1]) und § 38 II [2]) und bayer. P.-O. § 27 [3]) ist in mehr oder weniger klarer Weise von Rechten des Empfängers gesprochen.

Es herrscht daher in der einschlägigen Litteratur grosse Meinungsverschiedenheit darüber, ob der Empfänger überhaupt oder welche Rechte er gegen die Postverwaltung aus dem Beförderungsvertrage habe.

Geht man zunächst vom Satze aus, dass alle Ersatzansprüche aus dem Vertrage dem Absender zustehen, so kann aus demselben dem Empfänger nur ein Anspruch direkt auf Erfüllung der postalischen Pflichten erwachsen. Es drängt sich hiebei das Bedenken auf, dass der Gesetzgeber, wenn er dem Empfänger ein Recht auf Erfüllung hätte geben wollen, folgerichtig demselben ebenso wie dem Absender einen Ersatzanspruch hätte zugestehen müssen. Übigens scheint auch dieses Recht des Empfängers ohne entsprechenden Ersatzanspruch desselben kaum von irgend einer praktischen Bedeutung und wird von anderen abgesehen, von Dambach, [4]) dem Verfasser der Entwürfe des nordd. wie deutchen P.-G. entschieden in Abrede gestellt.

Diejenigen nun, welche die Rechte des Empfängers gegenüber der Post verteidigen, berufen sich auf die positiven Vorschriften des H.-G.-B. und auf das diesen

---

[1]) Der „Empfänger, welcher von der Befugnis."

[2]) „auf Verlangen des Empfängers."

[3]) „Die Postanstalten haben die Briefpostsendungen zur Abholung zu hinterlegen".

[4]) Dambach S. 81.

Bestimmnngen zu Grunde liegende Wesen des Fracht-
vertrages.

Die Rechte des Empfängers aus dem gewöhnlichen
Frachtvertrage finden ihre Regelung durch die Art. 462
bis 406 des H.-G.-B. Nach Art. 404 ist der im Frachtbriefe bezeichnete Empfänger vor Ankunft des Gutes
am Ort der Ablieferung berechtigt erstens alle zur Sicherstellung des Gutes erforderlichen Massregeln zu ergreifen
und dem Frachtführer die zu diesem Zwecke notwendigen Anweisungen zu erteilen und zweitens die Auslieferung des Gutes im Falle einer besonderen Ermächtigung des Frachtführers durch den Absender zu verlangen.

Hiezu ist nun zu bemerken: Ein Recht des Empfängers auf Auslieferung des Guts vor Ankunft desselben am Ort der Ablieferung existiert auf dem Gebiet
des Postrechts in keinem Falle; zwar sagt Mittelstein
dass die Reichspostordnung über diesen Satz Art. 404
des H.-G.-B. hinausgehend, gemäss § 30 I ein selbstän-
diges — wenn auch praktisch sehr beschränktes — Recht
des Empfängers auf Aushändigung des Guts sofort nach
Aufgabe am Unterwegsort worunter auch der Aufgabeort falle, anerkennen. Ebenso sagt Schott S. 566:
„der Adressat hat einen Anspruch auf Auslieferung der
am Bestimmungsort angekommenen Sendung, unter Umständen sogar unterwegs; dieser Anspruch ist ein Ausfluss der gesetzlichen Pflicht der Post, die ihr vom Absender aufgegebenen Sendungen an den Adressaten zu
bestellen.“

Nachdem nun der § 30 laut Überschrift die Aushändigung von Postsendungen an die Empfänger an
Unterwegsorten regelt, so folgt nach Art. 421 H.-G.-B.
mit Sicherheit daraus die Unanwendbarkeit der bezüglichen Bestimmungen des Art. 404.

Nach diesem § hat aber der Empfänger kein über
die Bestimmungen des H.-G.-B. hinausgehendes Recht

auf Auslieferung des Gutes vor Ankunft desselben am Ablieferungsort, sondern überhaupt gar kein Recht darauf. Denn die Post kann zwar die Sendung an Unterwegsorten an den Empfänger aushändigen, aber ist hiezu nicht verpflichtet. Und dieses Belieben der Post hängt noch von zwei Voraussetzungen ab; es darf erstens keine Störung des Dienstes dadurch herbeigeführt werden, und zweitens kein dem Beamten bekanntes Bedenken entgegenstehen.

Die zweite Befugnis des Empfängers nach Art. 404 H.-G.-B. ist die auf Sicherstellung des Gutes während des Transportes.

Mittelstein S. 65 giebt selbst zu, dass diese Vorschrift für die postalischen Einrichtungen kaum jemals praktisch werden wird. Ich glaube, man darf noch einen Schritt weitergehen und sagen: Aus den Bestimmungen der P.-O. ergiebt sich, dass sie dem Empfänger ein solches Recht nicht einräumen wollten.

Hat die Post mit Rücksicht auf eine mögliche Störung des Dienstes die Aushändigung der Sendungen an Unterwegsorten an den Empfänger abgelehnt und sogar die Zurücknahme der Sendungen seitens des Absenders von dieser Voraussetzung abhängig gemacht, so folgt auch aus dem ganzen Wesen der postalischen Einrichtungen, dass die Post den Verkehr mit dem Publikum auf die in den P.-O. gezogenen Grenzen beschränkt haben will.

Deshalb finden sich z. B. in § 7 R.-P.-O. genaue Vorschriften über die Verpackung der Sendungen nach Massgabe der Beförderungsstrecke, des Umfangs der Sendung und der Beschaffenheit des Inhalts, ferner über den Verschluss der Sendungen z. B. § 8 R.-P.-O. über die Beschaffenheit der Wertsendungen. Deshalb sind ferner alle Gegenstände, deren Beförderung mit Gefahr verbunden ist durch Druck, Reibung, Luftzugang oder sonst leicht entzündliche Sachen, sowie ätzende Flüssigkeiten von der Postbeförderung überhaupt ausgeschlossen; (z. B. § 10 R.-P.-O.) Flüssigkeiten, Sachen, die dem schnellen Verderben ausgesetzt sind oder der Fäulnis werden nur nach Ermessen der Postverwaltung zur Beförderung zugelassen (z. B. § 10 R.-P.-O.) und schliesslich in den P.-O. z. B. § 31 R.-P.-O.) die Postbeamten selbst zur Vorkehrung von Sicherheitsmassregeln für die Unverletztheit der Sendung angehalten. [1])

Aus diesen präventiven Vorschriften ergiebt sich meines Erachtens, dass die Post sich während der Beförderung jeder Einwirkung des Absenders wie Empfängers auf die Sendungen entziehen und den dispositiven Bestimmungen des Art. 404 H.-G.-B. nicht unterwerfen will.

Es ist daher ferner nur die Anwendbarkeit des Art. 405 H.-G.-B. auf das Postrecht zu untersuchen, da Art. 403 sich damit von selbst erledigt, indem in der allgem. Bestimmung des Art. 405 auf die Aushändigungspflicht des Frachtführers als eine der wesentlichsten Verpflichtungen aus dem Frachtvertrage bereits enthalten ist. [2])

Die Anwendbarkeit dieses Art. wird bejaht von L a - b a n d , [3]) S c h o t t , [3]) M i t t e l s t e i n [3]) und v. d. O s t e n . [3])

Gegen die Anwendbarkeit dieser Vorschrift sprechen sich aus S c h e l l m a n n , [4]) G a r e i s , [4]) G o l d s c h m i d t [4]) und besonders D a m b a c h . [4]) Letzterer führt aus, ein Anspruch auf Auslieferung der am Bestimmungsort angekommenen Sendungen könne auf Art. 405 H.-G.-B. nicht gestützt werden, weil derselbe die Existenz eines

---

[1]) Vergl. z. B. § 80 I und 29 II R.-P.-O.; § 77 bayer. P.-O. und § 78.

[2]) Eger II S. 136; v. Hahn II S. 478.

[3]) Bd. II S. 333; Schott S. 566; Mittelstein S. 65; v. d. Osten S. 19.

[4]) Schellmann S. 25/7; Gareis Verträge zu Gunsten Dritter S. 121/2; Dambach S. 82.

Frachtbriefes voraussetze; ein solcher sei aber bei Postsendungen nicht vorhanden, die Adresse und der Begleitbrief entsprechen nicht den im Art. 392 H.-G.-B. aufgestellten Erfordernissen eines Frachtbriefes.

Allerdings zieht gegen diesen Grund v. d. Osten S. 7 ff. und S. 19/20 dem Mittelstein S. 14/15 beipflichtet, zu Felde, indem er S. 6 sagt: „wo innere Gründe für die Existenz eines Frachtbriefes vorliegen, wo ein vom Gute getrenntes Papier auch getrennt funktioniert, wo an ein solches Papier allein und für sich bestimmte Rechtsverhältnisse sich knüpfen —, da können dieselben natürlich ohne das Papier auch nicht vorhanden sein; da muss ein Frachtbrief existieren, damit die betreffenden Rechtsfolgen überhaupt eintreten können. Wo dagegen Frachtbrief und Gut nicht getrennt werden, wo ein Rechtssatz auf Brief und Gut zusammen sich bezieht, wo nicht davon die Rede ist, dass mit ihnen einzeln und allein irgend etwas vorgenommen wird, da ist es der Natur der Sache nach einerlei, ob Brief und Gut zwei Stücke sind oder ein Stück bilden. Wenn also der Empfänger das Recht hat auf Herausgabe des Frachtbriefes und des Gutes zu klagen, so spricht kein innerer Grund dafür, dass der Empfänger ein solches Recht nur habe, wenn Brief und Gut getrennt sind, nur habe, wenn ein Frachtbrief in jenem angeblichen Sinne des H.-G.-B. existiert, nur habe, wenn der Frachtvertrag ein durch Ausstellung des Frachtbriefes qualifizierter sei." Und S. 20: „Liegt es dann im Begriffe des Frachtbriefes, dass er ein getrenntes Stück sein muss? Ich glaube nicht. Seinen Dienst als Adressbrief kann der Frachtbrief ebenso gut leisten, wenn er nicht getrennt ist, denn auch „auf Grund" der Briefadresse sucht der Frachtführer den Destinator auf und offeriert ihm das Gut, vielleicht gegen eine Gegenleistung, welche der Frachtbrief angiebt; das letztere braucht wegen der bestehenden gesetzlichen Taxen hier nicht zu geschehen, der

Adressat sieht sofort selbst, ob der Brief frankiert ist, wenn eine Gegenleistung von ihm gefordert wird —, und wenn nun Thöl p. 17 B. III fortfährt, damit dem Destinator Kenntnis gegeben werde, dass und was an ihn abgesandt ist und durch wen u. s. w. —, so erkennt das der Adressat hier auch aus der Briefadresse und dem Stempel und dem ev. beigefügten Namen des Absenders u. s. w. Ebenso ist der unter 3 von Thöl behauptete Zweck, „dass der Destinatar, der den Frachtvertrag ganz oder teilweise erfüllen soll, den Inhalt kenne", sofort mit Vorzeigung des Briefes erreicht. . . . . So ergiebt sich 1. Bezeichnung des Guts erhellt durch den Augenschein, 2. Frachtführer aus dem Umstand, dass der Brief ein Postbrief ist, 3. und 4. Name des Absenders und Adressaten sind angegeben, 5. Bestimmungsort ebenso 6. Bestimmung wegen der Fracht ergiebt sich aus dem Aufkleben oder Nichtaufkleben genügender Marken, 7. zeigt der Postannahmestempel an und 8. fällt weg.

Ebenso sagt Mittelstein S. 14/15.

„Ein selbständiger Frachtbrief im Postverkehr ist die Postpacketadresse. Ein unselbständiger Frachtbrief im Postverkehr ist endlich jede Adresse, welche gehöriger Weise den Namen dessen, an welchen das Gut abgeliefert werden soll und den Ort der Ablieferung (H.-G.-B. Art. 392 Nr. 4 und 5) enthält. Die sämtlichen im Art. 392 genannten Punkte sind nämlich nicht erforderlich, sondern behandeln nur den Normalfall. Bei einer Postbriefadresse ergiebt sich der Inhalt der Ziffern 1 und 2 von selbst, der der Ziffer 6 und 8 durch Gesetz, der der Ziffer 7 durch den Postannahmestempel, während der nach Ziffer 3 erforderliche Name des Absenders unerheblich ist.

Allein hiegegen ist in Erwägung zu ziehen.

Ein Frachtbrief ist zunächst nicht jede Adresse im gewöhnlichen Sinne des Worts,[1] ein Konglomerat von

---

[1] Abgesehen natürlich von der „Post-Packet-Adresse".

Schriftzeichen, sondern ein körperlicher Gegenstand, wie allgemein im Frachtverkehr üblich, ein Stück Papier mit einem bestimmten schriftlichen Inhalt. Es kann sonach, wie auch v. d. Osten sich ausdrückt bei gewöhnlichen Briefen nur der Briefumschlag, nicht die Adresse auf demselben, — dieses wäre ein Inhaltsbestandteil des Frachtbriefes — mit einem Frachtbrief verglichen werden.

Der Briefumschlag ist indess meines Erachtens nicht ein um den Brief herumgeschlagener Frachtbrief, sondern ist eine Verpackung und ein Verschluss der Briefpostsendung, eine Umhüllung derselben, welche nicht einmal aus freien Stücken vom Absender gemacht wird, sondern nach den Vorschriften der Postordnungen [1]) notwendig ist und Verpackung wie Verschluss dieser Sendungen muss so haltbar und so eingerichtet sein, dass ohne Beschädigung oder Verletzung der ersteren dem Inhalt nicht beizukommen ist.

Der gewöhnliche Briefumschlag hat sonach einen ganz andern Zweck wie der Frachtbrief; jener ist bestimmt, eine Umhüllung der Sendung zu bilden, dieser in der Form eines an den Adressaten gerichteten offenen Briefes eine Benachrichtigung von der Absendung der im Frachtbriefe verzeichneten Güter durch den in demselben genannten Frachtführer und unter den ebenfalls angegebenen Bedingungen zu bewirken. [2])

Wäre jedes Papier mit Adresse ein Frachtbrief, so könnte man geradeso einen Frachtbrief des Frachtbriefes konstatieren; denn der gewöhnliche Eisenbahnfrachtbrief trägt am Kopfe wie Beilage zeigt auch dieselbe Aufschrift wie der gewöhnliche Briefumschlag.

---

[1]) Vergl. R.-P.-O. § 1 I. Die Postsendungen müssen den nachfolgenden Bestimmungen entsprechend verpackt, verschlossen und mit Aufschrift versehen sein; ferner §§ 7—8; bayer. P.-O., § 2 III. § 5.

[2]) Eger I S. 41; Goldschmidt S. 733/735.

Wie schon Eingangs erwähnt und auch Mittelstein es S. 22 zugiebt, ist ferner ein verschlossener
Briefumschlag, welcher ganz leer ist, ein Brief (jedenfalls sicher ist, dass man eine solche Sendung machen
kann); man sieht in diesem Fall nicht, wo das Gut zu
dem behaupteten „Frachtbrief" bleibt: ein Frachtbrief
ohne Gut!

Ebenso schwer fällt eine derartige Konstruktion in
dem Falle, wenn eine adressierte, aber sonst inhaltslose
Postkarte versendet wird.

Schliesslich müsste man bei Postsendungen zwei
Frachtbriefe unterscheiden: Die Begleitadresse und die
Umhüllung des Packetes. [1]) Denn auch dieses muss die
Person desEmpfängers, den Bestimmungsort, überhaupt die
wesentlichen Angaben der Begleitadresse enthalten; und
mit demselben Rechte müsste man das Postanweisungsformular für einen Frachtbrief erklären. Und kehren
wir auf den Boden des gewöhnlichen Frachtverkehrs
zurück, so würde, wenn sich auf dem Frachtgute eine
Adresse befindet — was unbestreitbar vorkommt —, das
Substrat, auf welchem die Adresse angebracht ist, das
Stück Packleinwand u. s. w., ein solcher „Frachtbrief"
neben einem eventuellen wirklichen Frachtbrief sein.

Meines Erachtens sind diese „Frachtbriefe" von
dem, was man sonst unter Frachtbriefen versteht, grund-
verschiedene Sachen.

Zudem enthalten diese Pseudofrachtbriefe keineswegs was gewöhnliche Frachtbriefe zum Inhalt haben.

Die von v. d. Osten gezogene Parallele halte ich
nicht für zutreffend.

Nach Art. 392 Ziff. 1 H.-G.-B. enthält der Frachtbrief: Die Bezeichnung des Guts nach Beschaffenheit,
und Menge. Ein Briefumschlag kann den verschiedensten Inhalt haben; er kann eine Mitteilung enthalten,

---

[1]) § 5 III R.-P.-O.; § 73 bayer. P.-O.

Gold, Silber, Papiergeld, eine zu übersendende Urkunde u. s. w.

Eine Drucksachensendung kann ein Buch, einen
Kupferstich, einen durch Stahlstich, Photographie u. s. w.
vervielfältigten Gegenstand enthalten. Ebensowenig erhellt aus dem Augenschein oder „Frachtbrief" die
Menge des Inhalts nach Gewicht oder Anzahl wie
sonst. Auch die Begleitadressen zu Packetsendungen
lauten bloss „anbei ein Packet in Papier, in Lein-
wand" u. s. w.[1])

Ferner enthält nach Art. 392 Ziff. 3 der Frachtbrief den Namen des Absenders. Nach den P.-O. ist
nur nicht verboten diesen Vermerk auf dem Briefumschlag zu machen[2]) und er fehlt jedenfalls ebenso
oft, wenn nicht öfter, als er angebracht ist.

Der Frachtbrief enthält denselben.

Ebensowenig enthält dieser Umschlag den Ort und
Tag der Ausstellung (Art. 392 Z. 7). Der Postannahmestempel bezeichnet zwar den Zeitpunkt, in welchem
das Gut zur Annahme gelangte, nicht aber den, in welchem dieser „Frachtbrief" vom Absender ausgestellt wurde.

Auch enthält nicht der „Frachtbrief" eine Bestimmung in Ansehung der Fracht (Art. 392 Z. 6), sondern
das Posttaxgesetz und P.-O. Ob Adressat Porto zu
zahlen hat, ersieht der allerdings aus der Thatsache der
Frankatur und Nichtfrankatur, resp. aus dem betreffenden
von der Postbehörde auf den Brief gemachten Vermerk,
nicht aber aus einer im „Frachtbriefe" enthaltenen Bestimmung[3]).

_____

[1]) Die besonderen Angaben des Inhalts der Sendung nach Gattung, Stückzahl und Nettogewicht jeder Gattung, dann des Wertes und
des Bruttogewichts der Sendung, müssen, soweit notwendig, in besonderen den Sendungen beizugebenden Inhaltserklärungen gemacht werden
(vergl. § 76 I bayer. P.-O.).

[2]) Man sieht hieraus, wie wenig man an eine solche Funktion
des Briefumschlages gedacht hat.

[3]) v. d. Osten sagt übrigens selbst S. 36: Meines Erachtens

Ebenso scheint mir fünftens die Bezeichnung in Ziff. 2 Art. 392 zu fehlen. v. d. Osten findet sie im Postnachnahmestempel. Dieser ist aber ein vom Beförderer gemachter Vermerk, der aus besonderen betriebstechnischen Rücksichten angebracht ist und hat schon dem Namen nach nicht den Zweck, den „Frachtbrief" zu vervollständigen und bildet nicht einen Teil des Inhalts des Frachtbriefs [1]).

So beschränkt sich also der Briefumschlag als „Frachtbrief" regelmässig auf zwei statt der acht im H.-G.-B. angegebenen, allerdings nicht unbedingt notwendigen Bestimmungen: den Namen dessen, an welchen das Gut geliefert werden soll und den Ort der Ablieferung. Es kann daher derselbe weder seinem Zwecke nach Inhalt Anspruch auf die Eigenschaft eines Frachtbriefes machen. Dieser Ansicht ist auch das R.-O.-H.-G., welches nicht einmal die Postpacketadresse für einen Frachtbrief gelten lässt, indem es sagt: [2]) erfahrungsgemäss kommen die Frachtbriefe bei einzelnen, bedeutenden Frachtgeschäften, z. B. bei der Beförderung des zum Transport aufgegebenen Reisegepäcks (Art. 425 Z. 2) und bei der Packetpost (Art. 421) nicht vor.

Die von v. d. Osten versuchte Aufstellung verdient daher mehr als eine mit Esprit gemachte Ver-

---

muss der Empfänger zahlen, wenn ihm bekannt war, unter welchen Bedingungen das Gut offeriert wird (Thöl III p. 68). Diese Bedingungen können ihm aber auch auf andere Art als gerade durch einen Frachtbrief bekannt gegeben und bewiesen werden, z. B. durch den Vertrag, hier die P.-O.

[1]) So lautet auch § 49 des deutschen Eisenbahnbetriebsreglements vom 11. Mai 1874 gleichlautend mit dem österr.-ungar. Reglement vom 10. Juni 1874. Der Frachtvertrag wird durch die Ausstellung des Frachtbriefes seitens des Absenders und zwar durch die zum Zeichen der Annahme erfolgende Aufdrückung des Expeditionsstempels geschlossen. Die Abstempelung gehört also nicht zur Ausstellung des Frachtbriefes.

[2]) E.-B. XII S. 196/198.

gleichung denn als eine mit juristischer Schärfe zutreffende Charakterisierung, Beachtung.

Nichts destoweniger aber ist die von D a m b a c h vertretene Ansicht von der Unanwendbarkeit des Art. 405 H.-G.-B. zu verwerfen. Derselbe gründet seine Meinung, wie schon erwähnt, auf die nicht bewiesene Behauptung, dass dieser Art. die Existenz eines Frachtbriefes voraussetze.

Dem gegenüber hat v. d. O s t e n S. 7/12 meines Erachtens in überzeugender Weise nachgewiesen, dass der Empfänger ein Forderungsrecht auf Herausgabe des Gutes hat, einerlei, ob nun ein Frachtbrief existiert. Und auch in den Protokollen zum H.-G.-B. [1]) findet sich der Satz: Der Frachtbrief sei nichts als eine Beweisurkunde, es lasse sich daher nicht absehen, wie an dieselbe und an deren Übergabe die Entstehung eines Rechtsverhältnisses zwischen dem Frachtführer und dem Empfänger gebunden sein solle." Ist kein Frachtbrief ausgestellt, so hat das Recht der in irgend einer andern Weise legitimierde Empfänger. Dies ist auch die Ansicht des R.-O.-H.-G. [2])

Aus der bisherigen Darstellung ergiebt sich daher als sicheres Ergebnis:

Die Aushändigung der Postsendungen e r f o l g t nicht nur (nach dem Sprachgebrauche der P.-O.) an den Empfänger, sondern der Empfänger hat auch ein R e c h t auf Aushändigung derselben.

Diese Behauptung hat überdies, wenigstens für das Reichspostrecht [3]) ihre Stütze in den positiven Vorschriften der P.-O.

Nach § 36 der R.-P.-O. muss der Empfänger, welcher von der B e f u g n i s seine Postsendungen abzu-

---

[1]) I Lesung Prot. S. 782.

[2]) E.-B. S. 217; ebenso S c h o t t S. 403.

[3]) Die sprachliche Fassung der einschlägigen Bestimmungen der bayer. P.-O. bietet hiefür keinen sichern Anhaltspunkt.

holen oder abholen zu lassen, Gebrauch machen will, solches in einer schriftlichen Erklärung aussprechen und diese Erklärung bei der Postanstalt niederlegen. Eine Befugnis des Empfängers zur Abholung der für ihn bestimmten Sendungen wäre aber ohne eine als selbstverständlich vorausgesetzte Befugnis zur Aushändigung derselben eine unvernünftige Sache. Ferner wird nach § 44 II R.-P.-O., wenn das am Abgangsorte entrichtete Franko nicht ausreicht, der Ergänzungsbetrag und bezw. das Zuschlagsporto vom Empfänger entrichtet. Bei gewöhnlichen Briefen, Waarenproben und Drucksachen, sowie bei allen Sendungen vom Auslande gilt die Verweigerung der Nachzahlung des Portos für eine Verweigerung des Briefes. Bei andern Sendungen kann der Empfänger die Auslieferung ohne Portozahlung verlangen, wenn er den Absender namhaft macht und bezw. den Briefumschlag oder eine Abschrift davon zurückzunehmen gestattet.

Da nun der Empfänger bei gewissen Sendungen die Auslieferung derselben ohne Portozahlung verlangen kann, so ergiebt sich aus diesem Satze mit logischer Notwendigkeit der zweite Satz, dass der Empfänger bei gewöhnlichen Briefen u. s. w. die Auslieferung gegen Portozahlung verlangen kann.

Nachdem sonach dem Art. 405 H.-G.-B. zufolge, erstens dem Empfänger das Auslieferungsrecht „nach Ankunft des Frachtführers" zusteht, ein Fall, der im postalischen Verkehr nie vorkommt, [1] ferner aber das Auslieferungsrecht des Empfängers von der Erfüllung der Verpflichtungen, wie sie der Frachtbrief ergiebt, abhängig ist, während nach § 44 II R.-P.-O. der

---

[1] Deswegen ist von verschiedenen Seiten dieser „Ankunft des Frachtführers" der Zeitpunkt, in welchem die Sendungen am Bestimmungsort entweder eingetroffen sind, oder hätten eintreffen sollen, gleichgestellt. Das heisst man aber nicht einen Rechtssatz anwenden, sondern aus demselben einen andern interpretiv konstruieren.

Empfänger die Auslieferung von gewissen Sendungen ohne Portozahlung und damit implicite von andern Sendungen gegen Portozahlung verlangen kann und zudem nicht alle durch den Frachtvertrag begründeten Rechte, „besonders die Ersatzansprüche", welche nur dem Absender zustehen, geltend machen kann, sondern nur das Recht auf Aushändigung der Sendungen[1]) und nachdem drittens dieses Recht des Empfängers nur anerkannt ist, „sofern nicht der Absender dem Frachtführer vor Anstellung der Klage eine nach Massgabe des Art. 402 noch zulässige entgegenstehende Anweisung gegeben hat," Art. 402 aber wie schon oben erwähnt, für das Postrecht überhaupt nicht gilt[2]). So rechtfertigt sich für das Postrecht der Schluss, der Empfänger hat ein Recht auf Aushändigung der für ihn am Bestimmungsort eingetroffenen Sendungen.[3])

Allein dasselbe gründet gemäss Art. 421 nicht auf Art. 405 des H.-G.-B., sondern auf die in den P.-O. ausdrücklich oder stillschweigend enthaltenen Bestimmungen über die Auslieferung der Postsendungen an den Empfänger und bei den Rechtsquellen liegt nur die allgemeine verschieden verwirklichte Rechtsanschauung zu Grunde, dass der Empfänger ein Recht auf Auslieferung des Frachtguts hat.

Der Empfänger hat zweitens ein Recht die Nachsendung der am Bestimmungsort für ihn eingetroffenen Sendungen zu verlangen.

---

[1]) Übrigens hat er nicht, wie nach H.-R. ein ausschliessliches Recht auf Aushändigung bei allen Sendungen, da z. B. nach § 73 R.-P.-O. die Aushändigung der gewöhnlichen Packete, der eingeschriebenen Sendungen und der Sendungen mit Wertangabe und der auf Postanweisungen auszuzahlenden Beträge an jeden Überbringer der Begleitadresse, des Ablieferungsscheines u. s. w. erfolgen kann.

[2]) Vergl. z. B. § 29 R.-P.-O.

[3]) Mit diesem Resultat jedoch aus abweichenden Gründen stimmen überein Laband II S. 383; Mittelstein S. 66; Schott S. 566.

Bei Packeten und Briefen mit Wertangabe erfolgt die Nachsendung jedoch auf Verlangen des Empfängers nur bei vorhandener Sicherheit für Porto (R.-P.-O. § 38 II in der Fassung der V.-O. vom 16. Juni 1890.)

Gewöhnliche und eingeschriebene Briefe, Postkarten, Drucksachen und Waarenproben, ferner Postanweisungen, sowie Postaufträge werden nach der R.-P.-O. § 38 I sogar ohne irgend ein Verlangen an den neuen bekannten Aufenthalts- oder Wohnort nachgesandt.

Gleiche Vorschriften enthält § 38 und 97 der bayer. P.-O. Die Packetpostsendungen werden insbesondere auf ein schriftliches Verlangen des Empfängers nachgesandt, wenn derselbe hinreichende Sicherheit für Zahlung der auf der Sendung haftenden Porti und Auslagen bietet.

Weitergehende Rechte des Empfängers sind weder nach dem Postsonderrecht noch nach H.-G.-B. begründet.

Diese Rechte des Empfängers sind aber eingeschränkt durch das auch in den eben angeführten Stellen anerkannte Dispositionsrecht des Absenders gemäss § 28 R.-P.-O. und § 24 bezw. § 88 der bayer. P.-O.

Eine andere aber zur Erweiterung der durch positive Vorschriften begrenzten Rechte des Empfängers nicht geeignete Frage ist die nach der theoretischen Konstruktion seiner Ansprüche.

Dieselbe ist jedoch keine dem Postsonderrecht eigentümliche, sondern dem Frachtrechte überhaupt angehörige Frage und kann daher nur kurz erörtert werden.

Nach der Meinung von Koch,[1] Höpfner,[1] Karstens[1] und Kuhn[1] beruht das Rechtsverhältnis zwischen Frachtführer und Empfänger auf einer vertragsmässigen, nach Goldschmidt,[2] Stobbe,[2] Eger, Anschütz und Völderdorff[2] auf einer fingierten

---

[1] Koch Eisenbahnen II S. 109; Höpfner, Archiv. f. civil. Prax. XXXVI, Karstens, ebenda XXXVII S. 216, Kuhn, Busch's Arch VI S. 862.

[2] Goldschmidt Handbuch I S. 749, Stolbe Hdb. d. d.

Cession, nach einigen [1]) auf einem präsumtiven Mandat des Absenders, nach andern [2]) des Empfängers, nach einer vierten Ansicht auf positiver Bestimmung und nach einer weiteren [3]) auf einer negotiorum pestio der Post.

Weitaus den grössten Vorzug verdient die von Gareis, [4]) Regelsberger, [4]) Bähr, [4]) v. d. Osten, [4]) Leo Vogel, [4]) Mittelstein [4]) und andern vertretene Ansicht, das Rechtsverhältnis beruhe auf einen Vertrag zu Gunsten Dritter.

Und zutreffend sagt Leo Vogel: [5]) Der Absender schliesst in erster Linie einen Transportvertrag ab, in zweiter Linie einen Nebenvertrag zu Gunsten eines Dritten, nach welchem der Dritte, der Adressat, gewisse Rechte aus dem Frachtvertrag unter gewissen Umständen und Bedingungen geltend machen darf, in der Weise, dass dadurch das Recht des Absenders in den Hintergrund gedrängt wird.

C. Die Rechte der Post.

Nachdem die zwei vorhergehenden Abhandlungen die Rechte des Absenders und des Empfängers zum Gegenstand gehabt haben, soll in dieser zum Schluss von den Rechten der Post aus dem Beförderungsvertrage gehandelt werden.

Das Recht der Post für ihre Beförderungsthätig-

Privatr. (2. A. III S. 191, Anschütz, Commentar zu Art. 405. Eger Deutsches Frachtrecht II S. 271.

[1]) Hillig, das Frachtgeschäft der Eisenbahnen § 149. Diese Ansicht ist den Beratungen zum H.-G.-B. des öfteren zurückgewiesen worden: vergl. Prot. S. 821 n. 4734 ff. u. E. d. R.-O.-H.-G. IV S. 349.

[2]) Buddeus, in Weiskes Rechtslexikon IV S. 424.

[3]) Windscheid, Pand. § 401 Anm. 11, § 816 Anm. 79, § 431 Anm. 7.

[4]) Gareis: Die Verträge zu Gunsten Dritter (1873) S. 29 ff., Regelsberger in Endemanns Handbuch II S. 477/78, Bähr im Archiv f. civil Prax. 67 S. 160/1, v. d. Osten S. 46 ff., Vogel S. 48, Mittelstein S. 63.

[5]) S. 49.

keit besteht im Allgemeinen in dem Anspruche auf
Zahlung einer bestimmten Geldsumme, die an die Post
zu zahlenden Geldbeträge heissen nach einer allgemeinen Bezeichnung Porto, Gebühren, Postgefälle, auch
Taxen[1]) und werden von der R.-P.-O. § 44 in das Porto
i. r. S. und sonstige Gebühren eingeteilt und sollen auch
nach dieser Einteilung erörtert werden.

Nicht für zutreffend halte ich mit Mittelstein
S. 69 die Einteilung der Postgebühren in Beförderungs-
und Bestellgebühren, wie sie Schott macht, da dann
unter die ersteren eine Reihe von Gebühren eingereiht
werden müssten, welche mit einer „Beförderung" nur in
einem zufälligen Zusammenhange stehen und die Bestellung schliesslich auch eine Beförderungsthätigkeit ist.
Die Grundlage für das Portowesen bildeten teils Gesetz
teils Verordnungen teils internationale Verträge; subsidiäre Bestimmungen, deren Anwendbarkeit jedoch erst
zu prüfen ist, enthalten die Art. 406—413 H.-G.-B.

Die gesetzlichen Bestimmungen finden sich in dem
Gesetz über das Posttaxwesen im Gebiet des deutschen
Reiches vom 28. Oktober 1871; abgeändert durch die
Reichsgesetze vom 17. Mai 1873 und 3. Nov. 1874.
Dieses Gesetz findet jedoch gemäss § 13 Posttaxgesetz
auf den innern Postverkehr in Bayern und Württemberg
nicht Anwendung.

Für diese Länder gelten die Vorschriften der
bayer. P.-O. Ferner ist nicht su erwähnen das Gesetz
betr. die Portofreiheiten im Gebiete des nordd. Bundes
vom 5. Juni 1869, welches nun als R.-G. in allen Gebieten des deutschen Reiches mit Ausnahme von Bayern
und Württemberg gilt und durch R.-G. vom 29. Mai 1872
für den Verkehr dieser beiden Länder unter einander
und mit den übrigen Teilen des deutschen Reiches aus-
gedehnt worden ist.

---

[1]) Vergl. auch den Titel: Posttaxges. bayer. P.-O. § 6, 82—86.

Bezüglich des innern Verkehrs in Bayern bildet, was die Portofreiheiten anlangt, die V.-O. vom 23. Juni 1829 die Grundlage; dieselbe ist jedoch durch eine bedeutende Anzahl von spätern Erlassen verändert worden. [1]

a) Durch das Posttaxgesetz ist normiert das Porto für Briefe (§ 1), für Packete (§ 2), das Porto und die Versicherungsgebühr für Sendungen mit Wertangabe (§ 3) und die Provision für Zeitungen (§ 10). Im übrigen ist das Porto für das Reichspostgebiet und das bayer. Postgebiet durch die beiden P.-O., bezw. die Postverträge geregelt.

b) Die sonstigen Gebühren lassen sich in einfache und zusammengesetzte einteilen. Sie sind auch öfters mit dem Porto i. e. S. zu einer Gebühr verbunden. Von denselben ist zu erwähnen

1. die Bestellgebühr; da die Thätigkeit der Post grundsätzlich · mit der Ankunft der Postsendung am Bestimmungsort ihren Abschluss findet, so ist auch grundsätzlich für eine weitergehende Thätigkeit eine besondere Gebühr zu entrichten.

Jedoch obliegt entgegen diesen Grundsätzen der Postverwaltung nach § 37 R.-P.-O. die Verbindlichkeit Postsendungen ins Haus bestellen zu lassen für

1. gewöhnliche und eingeschriebene Briefe und Postkarten.

2. Drucksachen und Waarenproben.

3. Postanweisungen.

4. Anlagen zu Postaufträgen.

5. Begleitadressen zu gewöhnlichen Packeten.

6. Ablieferungsscheine (Postpacketadressen) über Sendungen mit Wertangabe und über Einschreibpackete.

Ebenso werden nach bayer. P.-O. § 25 die Briefpostsendungen in der Regel in die Wohnung oder das

---

[1] Seydel B. V. S. 526.

Geschäftslokal überliefert; desgleichen nach § 89 die Packetpostsendungen (§ 89 und 90) und die Estafetten- sendungen § 110, dagegen nicht die Zeitungen (§ 60).

Andererseits darf die Post auch in vielen Fällen für die Bellung keine Gebühr erheben. [1]

Die Post hat aber ferner, ohne hiezu verpflichtet zu sein, die Bestellung in's Haus in ausgedehntem Mass übernommen und erhebt dafür eine Bestellgebühr. Die Höhe derselben bestimmt sich nach § 32 R.-P.-O. und § 61, 93 und 110 bayer. P.-O. Neben der gewöhnlichen Bestellgebühr findet sich noch eine

2. Eilbestellgebühr. Dieselbe wird erhoben für Sendungen, welche sogleich nach der Ankunft dem Empfänger besonders zugestellt werden sollen. Bei Sendungen an den Empfänger, die im Orts- oder Land- bestellbezirke des Aufgabeorts wohnen, ist jedoch die Eilbestellung ausgeschlossen. [2]

3. Die Versicherungsgebühr; [3] dieselbe wird er- hoben für Sendungen mit Wertangabe nach Massgabe der näheren Bestimmungen in § 8 P.-T.-G.; § 2 P.-T.- Novelle; § 54 R.-P.-O., bezw. § 84 und 85 bayer. P.-O.; ferner

4. die Einlieferungsgebühr bei dringenden Packet- sendungen für Posten, die ausserhalb der gewöhnlichen Schalterdienststunden zur Aufgabe gebracht werden (§ 11 a, § 25 R.-P.-O., bezw. § 23, 68 u. 79 bayr. P.-O.)

5. Die Einschreibgebühr für Briefe, Postkarten, Drucksachen, Waarenproben, Briefe mit Zustellungs- urkunden, Postnachnahmesendungen, sowie Packete ohne Wertangabe, welche unter Einschreibung befördert werden. Sendungen mit Wertangabe, sowie dringende

---

[1] Vergl. § 8 P.-T.-G. u. 32 R.-P. O., § 25 II bayer. P.-O.

[2] Das nähere § 21 R.-P.-O., § 32, 92 u. 120 bayr. P.-O.

[3] Dass diese Bezeichnung nicht zutreffend ist, wurde schon früher erwähnt.

Packetsendungen sind von der Einschreibung ausgeschlossen. [1])

6. Zu dieser tritt noch die Rückscheingebühr, [1])
wenn der Absender einer eingeschriebenen Sendung eine
vom Empfänger auszustellende Empfangsbescheinigung
zu erhalten wünscht.

7. Die Zustellungsgebühr für eine postamtliche
Bescheinigung über die erfolgte Bestellung eines Briefes.

8. Die Vorzeigegebühr für Vorzeigung der Nachnahmesendungen (§ 18 R.-P.-O. und § 87 bayer. P.-O.)
oder des Postauftrags oder des beigefügten Wechsels
bei dem Empfänger (§ 20 R.-P.-O. und § 16 bayer. P.-O.)

9. Die Geldübermittelungsgebühr oder Postanwei-
sungsgebühr im Postanweisungsverkehr gemäss § 16
und § 17 R.-R.-O. und §§ 13 und 14 bayer. P.-O.;
ferner für Übermittelung der durch Postnachnahme eingezogenen Geldbeträge (§ 18 R.-P.-O. u. 87 bayer. P.-O.)
ferner der durch Postaufträge zu Einziehung von Geldbeträgen und bei Bücherpostsendungen eingezahlten Geldbeträgen. [2]) (§ 19 u. 20 R.-P.-O.; § 15 u. 17 bayer. P.-O.)

10. Die Gebühr für Postauftragsbriefe (§ 19, 20,
20 a R.-P.-O.; § 15, 16, 17 bayer. P.-O.).

11. Die Gebühr für Bahnhofsbriefe (§ 21 a R.-P.-
O.; § 28 bayer. P.-O.).

12. Die Gebühr für Erlass eines Laufschreibens
(§ 41 R.-P.-O.; § 41 bayer. P.-O.).

13. Die Zeitungsgebühr oder Provision für Zeitungen
(§ 10 R.-T.-G. und § 46 bayer. P.-O.)

14. Die Gebühr für Estafettensendungen, welche
sich als Porto, Abfertigungsgebühr, Pferdegeld, Ritt-
gebühr, Wagengeld, Personengeld, Tagegeld zusammen-
setzt. (§ 45 R.-P.-O.; § 108 bayer. P.-O.)

---

[1]) § 15 und 82 R.-P.-O.; § 84 bayer. P.-O.; § 22 II R.-P.-O.;
§ 21 bayer. P.-O.
[2]) Mittelstein S. 70 macht hier einen thatsächlich nicht
vorhandenen Unterschied zwischen Geldübermittelungsgebühr und Post-
anweisungsgebühr.

15. Die Gebühren bei der Personenbeförderung mittels der ordentlichen Posten und mittels Extrapost und Kourierbeförderung. (§ 49, 53, 59 R.-P.-O.; § 119, 125, 132, 134, 135 bayer. P.-O.); letztere sind die zusammengesetztesten Gebühren.

c) Zu diesen Gebühren treten noch die Ersatzansprüche der Post wegen Schäden bei ordnungswidrig beschaffenen Sendungen (§ 23 R.-P.-O.; § 77 bayer. P.-O.) und für Verpackungskosten der Post für neue Verpackung der Sendungen (§ 7 R.-P.-O.; § 78 bayer. P.-O.).

Schuldner aus den der Post zustehenden Ansprüchen ist in erster Reihe der Absender, in zweiter der Empfänger. Ersterer wird Schuldner der Post durch Eingehung des Beförderungsvertrages, letzterer durch Annahme der Sendungen. Ersterer muss die Post teils bei Einlieferung der Sendungen, teils in einem späteren Zeitpunkt, letzterer vor Aushändigung derselben die Post wegen ihrer Ansprüche befriedigen. Die Leistung des Empfängers besteht stets in Baarzahlung, die des Absenders in der Regel in dem Aufkleben von Postwertzeichen, selten in Baarzahlung.

Gewisse Gebühren müssen vom Absender bei Eingehung des Vertrages im Voraus entrichtet werden.

Zu diesen gehören die Gebühren für Postkarten[1], für Drucksachen,[1] Bahnhofsbriefe,[1] Waarenproben,[1] dringende Packetsendungen,[1] Postanweisungen,[1] Postauftragsbriefe,[1] Estafettensendungen,[1] für Rückscheine,[1] für gewisse von den Landbriefträgern und Packetbestellern eingesammelte Sendungen[1] und für die Einlieferung bei gewissen Einschreibsendungen[1] und für die Abholung von Bahnhofsbriefen.[1] Ferner müssen nach bayer. P.-O.

[1] R.-P.-O. § 12 V, § 13 VIII Fassung v. 28. Mai 1890, § 21a IV, Fassung v. 9. Mai 1889; § 14 VI u. VIII, § 11a III, § 16 II, § 17 V; § 19 XI, § 20 XI, § 20a I, § 45 XIX; § 15 IV; § 32 X; § 24 VI, VII; § 25 XII; § 21a IV; bayer. P.-O. § 10 III, § 11 III, § 28 II, § 12 III, § 85 III nicht für innern Verkehr. § 13 II u. III, § 79

§ 7, 85 alle Sendungen von Privaten an kgl. Stellen und Behörden, wie die portopflichtigen Sendungen von Unterbehörden an die vorgesetzten Stellen in Bayern, ferner die portopflichtigen Sendungen bayer. Behörden an Behörden der übrigen deutschen Staaten und in Österreich-Ungarn die Gebühren im Voraus entrichten.

Diese Verpflichtung des Absenders heisst Frankaturzwang. Wenn die im Voraus zu entrichtende Gebühr ihrem Betrage nach nicht genau feststeht, so ist ein angemessener Geldbetrag zu hinterlegen. Hierher gehört der Fall, wenn der Absender die besondere Beförderung der Postsendungen von weiterher nach einem andern Postorte durch Eilboten verlangt (R.-P.-O. § 21 X; bayer. P.-O. § 32 XIV); der Fall (§ 38 II R.-P.-O.), wenn Packete und Briefe mit Wertangabe nachgesendet werden sollen, gehört nicht hierher,[1] da hier eine Sicherheitsleistung seitens des Empfängers in Frage steht, wie auch der § 97 I bayer. P.-O. zeigt, dagegen kommt dies auch vor bei Estafettensendungen (R.-P.-O. § 45 XIX). Soweit aber nicht ausdrücklich von den P.-O. eine andere Bestimmung getroffen ist, steht es im Belieben des Absenders die Postsendungen frankiert oder unfrankiert zur Post einzuliefern und die Post ist zur Beförderung derselben verbunden, selbst wenn sie aus früheren Anlässen Kenntnis hat, dass die Sendung vom Empfänger nicht angenommen wird und die Gebühr vom Absender wegen notorischer Zahlungsunfähigkeit nicht beizutreiben ist. Es besteht für die Post ein Kreditierungszwang. Im Falle der Kreditierung erteilt nach Laband II S 343 der Absender der Postverwaltung den Auftrag,

IX, § 15 VII, § 16 VIII, § 17 I, § 107 III, § 20 VII, § 80 V, § 18 VIII, § 79 II, § 23 III, § 79 IX; § 28 II. Ob die Gebühr für Beförderung mittelst verschlossener Taschen (R.-P.-O. § 44 VIII, bayer P.-O. § 27) voraus zu entrichten, ist in beiden P.-O. nicht gesagt; Schott S 562 bejaht es.

[1] Anders Mittelstein S. 71.

den Gebührenbetrag beim Adressaten zu erheben und mit der erhobenen Summe sich für ihre Forderung gegen den Absender bezahlt zu machen; es wird daher mit dem eigentlichen Transportvertrag ein Nebenvertrag verbunden, der in allen wesentlichen Stücken der Anweisung (Assignation) entspricht; der Abschluss dieses Nebenvertrags vollzieht sich durch das Aufgeben der unfrankierten Sendung und die Annahme derselben seitens der Postanstalt. Diese Konstruktion ist meines Erachtens nicht zutreffend.

Denn 1. ist sie nur geeignet diesen Rechtsvorgang einfacher zu komplizieren und 2) lassen sich die Geschäfte der Post, wie schon früher erwähnt, nicht unter die Form der Anweisung bringen.

Wird das Porto nicht vorausgezahlt, so wird meines Erachtens ein Beförderungsvertrag mit einer Nebenbestimmung geschlossen. Der Absender verpflichtet sich zur Zahlung des Portos in einem spätern Zeitpunkt, für den Fall, dass dasselbe vom Empfänger nicht gezahlt wird und die Sendung nicht ohne Zahlung seitens desselben ausgehändigt wird.[1] So heisst es auch im P.-T.-G. § 6: Die Postanstalten dürfen Briefe, Scheine, Sachen u. s. w. an die Adressaten erst dann aushändigen, wenn die Zahlung der Postgefälle erfolgt ist.

Ähnlich wie bei vollständiger Nichtfrankatur liegt die Sache bei unvollständiger Frankatur der Sendung.

So wird nach P.-T.-G. § 1 für unfrankierte und unzureichend frankierte Briefe ein Zuschlagporto von 10 Pfg. erhoben; von diesem sind jedoch portopflichtige Dienstbriefe frei, wenn die Eigenschaft derselben als Dienstsache postalisch erkennbar gemacht ist.

Ebenso wird für unfrankierte Packete ein Zuschlag von 10 Pfg. erhoben; desgleichen bei unfrankierten

---

[1] Ausnahmen, in welchen Aushändigung der Sendung ohne Zahlung des Portos erfolgen darf, siehe später.

Sendungen mit Wertangabe.[1]) Nicht frankierte Drucksachen ferner gelangen überhaupt nicht zur Absendung;
für unzureichend frankierte Drucksachen wird dem Empfänger der doppelte Betrag des fehlenden Portoteils in
Ansatz gebracht. (§ 13 IX R.-P.-O., bayer. P.-O.
§ 11.)[2]) u. [3])

Die gleichen Bestimmungen gelten für unfrankierte
und nicht genügend frankierte Waarenproben (R.-P.-O.
§ 14 VII und VIII; bayer P.-O. § 12 XI.)[2]) u. [3])

Das Zuschlagporto ist seiner rechtlichen Natur nach
keine Strafe, sondern gleich den übrigen Gebühren ein
Äquivalent für die Thätigkeit der Post; der Grund der
Erhebung derselben ist die erhöhte Arbeitsleistung, welche
der Post die Beförderung einer nicht oder nicht zu-
reichend frankierten Sendung verursacht. Der oft gebrauchte Ausdruck „Strafporto" ist nicht zutreffend.[4])

Hat nun der Absender die Gebühren nicht voraus-
bezahlt und verweigert der Empfänger die Annahme der
Sendung oder wird sie sonst unbestellbar, so verfährt
die Post nach den für das Unbestellbarkeitsverfahren
(R.-P.-O. §§ 39, 40; bayer. P.-O. §§ 39, 99) geltenden
Vorschriften. Darnach wird in der Regel die unbestell-

---

[1]) Für unzureichend frankierte Packete und Wertsendungen wird
kein Zuschlagsporto erhoben (P.-T.-Novelle § 1 I, ähnlich bayer. P.-G.
§ 83, IX.)

[2]) Laband sagt unrichtig B II S. 345: für Drucksachen und
Waarenproben besteht der Frankierungszwang nur in dem Sinne, dass
für dieselben, wenn sie unfrankiert oder unzureichend frankiert sind,
das Briefporto erhoben wird.

[3]) Der Umstand, dass die P.-O. in beiden Fällen bestimmen:
Das Zuschlagsporto wird dem Empfänger in Anschlag gebracht,
berechtigt natürlich nicht zur Auffassung, als habe der Absender
nicht für dieselben aufzukommen, wie Schott S. 563 anzunehmen
scheint; dagegen auch Mittelstein S. 73.

[4]) Motive zum P.-T.-G. des nordd. Bundes (Drucksachen des
Reichstags 1867 Nr. 107 S. 184; R.-G.-E. in Strafs. Bd. XIV S. 336;)
Mittelstein S. 73.

bare Postsendung ohne Verzug nach dem Aufgabeort zurückgesendet.

Eine Ausnahme bilden Sendungen, welche einem schnellen Verderben unterliegen; diese werden, wenn deren Verderb' auf dem Rückwege zu besorgen ist, nicht zurückgesendet, sondern für Rechnung des Absenders veräussert. Hiezu bedarf es keiner gerichtlichen Anordnung, so dass also Art. 407 H.-G.-B. keine Anwendung findet.[1]

Der Grund der Zurücksendung und Veräusserung muss auf dem Briefe, bezw. der Begleitadresse vermerkt sein.

Die Post muss die Unbestellbarkeit der Sendung beweisen, was ihr durch die Bestimmung in § 47 P.-G. sehr erleichtert ist.

Die Bestellung und Behändigung einer zurückgekommenen Sendung an den Absender richtet sich nach den Vorschriften über Bestellung und Aushändigung derselben an den Empfänger. Mit der Bestellung derselben tritt in der Regel für den Absender die Fälligkeit der ihm gestundeten Gebühren ein, zu welchen noch die für die Rücksendung in Ansatz kommenden Taxen hinzugerechnet werden.[2]

Der Absender kann aber nicht wie der Empfänger durch Verzicht auf die Sendungen sich der Pflicht zur Zahlung der Postgefälle entziehen.

Von der Verpflichtung zur Zahlung der Postgebühren ist der Absender nur in zwei Fällen befreit:

1. Wenn eine Sendung erweislich auf der Post verloren gegangen, so wird kein Porto gezahlt. Dieser Satz gilt sowohl für das Reichspostgebiet, wie für das bayer. Postgebiet (R.-P.-O. § 44 V; bayer. P.-O. § 42 X und § 103 X) und

---

[1] Art. 407 findet auf die Post überhaupt keine Anwendung, da die betr. Verhältnisse durch die P.-O. anderweitig geregelt sind.

[2] Bayer. P.-O. § 39 VI und VII.

2. Wird der Absender befreit nach R.-P.-O. § 44 V im Falle der Beschädigung der Sendung, wenn er deswegen die Annahme verweigert und die Beschädigung nach schon dargestellten Grundsätzen von der Post zu vertreten ist.

Nach der bayer. P.-O. fällt die Zahlungsverpflichtung des Absenders im Falle der Beschädigung der Sendung nur bei Packetpostsendungen, soweit dieselbe von der Post vertreten wird, nicht bei Briefpostsendungen weg (bayer. P.-O. § 43 X und § 103 X).

In beiden Fällen erlischt die Zahlungsverbindlichkeit des Absenders für das Porto. Darunter ist das Porto in weiterem Sinne, also jede Gebür zu verstehen.

Bezüglich der Beweislast ist zu bemerken, dass nicht etwa nach dem Wortlaut der betreffenden Vorschriften geschlossen werden könnte, der Absender habe den Beweis des auf der Post vorgekommenen Verlustes oder der Beschädigung auf derselben zu liefern, sondern die Einlieferung der Sendung zu beweisen. Vielmehr hat die Post den Beweis der Unbestellbarkeit und den Gegenbeweis, dass der Verlust oder die Beschädigung nicht auf der Post eingetreten sei, zu führen.

Als dritter Fall kann noch angeführt werden die Verjährung der Ansprüche der Post. Nach § 7 P.-T.-G. ist der Korrespondent (auch der Empfänger) Nachforderung an zu wenig bezahltem Porto nur dann zu berichtigen verbunden, wenn solche innerhalb eines Jahres nach der Aufgabe der Sendung angemeldet wird.

Kommt der Absender seiner Verpflichtung nicht nach, so ist die Post nicht gezwungen, den ordentlichen Rechtsweg zu beschreiten; diese würde für die Post eine sehr erhebliche Belästigung und dem Publikum würden Weitläufigkeiten und Kosten erwachsen, welche zu dem Objekte des Portos u. s. w. in keinem Verhältnisse ständen.

Vielmehr ist die Postanstalt nach § 25 R.-P.-G. berechtigt, unbezahlt gebliebene Beiträge an Personengeld, Porto und Gebühren nach den für die Beitreibung öffentlicher Abgaben bestehenden Vorschriften exekutivisch einziehen zu lassen; und die mit der Beitreibung exekutionsweiser Forderungen im allgemeinen betrauten Organe sind deshalb verpflichtet, diese von den Postanstalten angemeldeten rückständigen Beträge im Wege der Hilfsvollstreckung einzuheben, wobei jedoch dem Exequierten die Betretung des Rechtsweges offen steht.

Diese Befugnis der Post ist, wie auch Dambach S. 92 hervorhebt, streng auszulegen und namentlich nicht auf Ersatzansprüche der Post, z. B. wegen Verpackungskosten, Steuern, Zollgebühren u. u. w. zu erstrecken.

Neben dem Exekutionsrecht hat die Post noch ein zweites, dem Postsonderrecht eigentümliches Recht. Gemäss § 40 IV R.-P.-O. hat die Post das Recht, wenn der ermittelte Absender einer unbestellbaren Sendung die Annahme verweigert oder die Sendung, bezw. den Geldbetrag nicht abholen lässt, die Gegenstände zum Besten der Postarmen, bezw. Unterstützungskasse zu verkaufen, bezw. zu verwenden.[1] Ebenso werden nach der bayer. P.-O. § 99 II diese Gegenstände zu Gunsten des Unterstützungsfonds der bayer. Postverwaltung verkauft oder die Postanweisungsbeträge demselben überwiesen; dass hiebei von dem Kaufpreis bezw. dem überwiesenen Geldbetrage das Porto und die sonstigen Kosten in Abzug kommen dürfen, ist Laband Bd. II S. 346 gewiss, ist aber nicht gesagt und könnte höchstens aus § 26 P.-G. analog gefolgert werden.

Ebensowenig besteht aber eine Pflicht der Post diese Gegenstände zu dem angegebenen Zwecke zu verkaufen, bezw. zu verwenden; vielmehr wird man ihr

---

[1] Briefe und die nicht zum Verkauf geeigneten Gegenstände werden vernichtet.

das Recht 'einräumen, auch in anderer Weise mit denselben zu verfahren.

Ferner ist hiebei gleichgiltig, ob die Postsendung frankiert ist oder nicht.

Hienach scheint es mir auf einer Verkennung der Bedeutung dieser Vorschriften zu beruhen, wenn man wie Laband l. c. und v. d. Osten S. 35 damit die Bestimmungen des H.-G.-B. in Art. 409 über das gesetzliche Pfandrecht des Frachtführers ganz oder für bestimmte Fälle, wie Mittelstein S. 76 aufgehoben hält.

Diese Befugnis der Post besteht, einerlei, ob sie ein Forderungsrecht gegen den Absender hat oder nicht, und kann daher auch nicht der Ausfluss eines dem gesetzlichen Pfandrechte des Frachtführers ähnliches Recht sein, welches die Befriedigung der Post herbeizuführen geschaffen ist. Vielmehr hat durch diese Vorschriften meines Erachtens nur geregelt werden wollen, auf welche Weise die Post mit Sendungen, die derelinquiert sind oder gelten, verfahren kann.

Die betr. Vorschriften des H.-G. in Art. 409 finden daher auch auf die Postanstalten Anwendung.

Dass dem so ist, bin ich in der Lage, auch durch eine positive Rechtsvorschrift zu unterstützen. Dieselbe findet sich § 99 der bayer. P.-O., welche für unbestellbare Packetpostsendungen die erwähnte Befugnis aufstellt und in VIII weiter lautet: Die Postverwaltung steht für alle Forderungen aus dem mit dem Absender eingegangenen Postbeförderungsvertrage ein Pfandrecht zu, wie derselben ausserdem alle hieraus entspringenden persönlichen Ansprüche verbleiben (also auch nach Verkauf oder Überweisung der Gegenstände an den Unterstützungsfond).

Daraus ergiebt sich meines Erachtens schlagend, dass die Befugnis aus Art. 409 neben dem erwähnten Rechte bestehen kann und mit diesem nicht stillschweigend aufgehoben ist und wie wenig dasselbe dem von L a b a n d u. A. vermeinten Zwecke dient.

Ob die Post neben diesem dritten Rechte aus Art. 409 H.-G.-B. noch ein weiteres, das Retentions- oder Zurückbehaltungsrecht hat, soll nach dem für die Bestellung und Aushändigung an den Absender, wie an den Empfänger dasselbe gilt, später behandelt werden.

Wie schon Eingangs erwähnt, ist zunächst nur der Absender der Post gegenüber zur Zahlung der Post- gefälle verbunden, da eben nur er mit derselben den Beförderungsvertrag eingeht.

Der Empfänger wird Schuldner derselben erst da- durch, dass er die an ihn von der Post zu machende Leistung annimmt.

Eine Verpflichtung desselben zur Annahme der Sendung gegenüber der Post besteht nicht, er kann nur möglicherweise dem A b s e n d e r aus irgend einem Rechts- grund zur Entgegennahme der Sendung und zur Zahlung der Postgebühren verbunden sein.

Hat aber der Empfänger die Sendung angenommen, so ist er damit dem zu seinen Gunsten geschlossenen Vertrage beigetreten und hat damit auch die Verbind- lichkeiten, mit welchen sein Rechtserwerb verknüpft sein sollte, übernommen. Er ist zur Entrichtung der Post- gefälle verpflichtet. Dieser allgemeine Rechtssatz ist in den positiven Vorschriften [1]) verwirklicht.

Nach der bayer. P.-O. § 25 II, III gilt dieser Satz für Briefpostsendungen, jedoch mit der Massgabe, dass das Porto bei der Überlieferung zu zahlen ist und die Aushändigung der Sendung erst n a c h Zahlung der Postgefälle erfolgen darf. Die blosse Annahmeerklärung des Empfängers ohne Zahlung der Postgebühren ver- pflichtet denselben nicht, sondern gilt als eine ver-

---

[1]) § 6 P.-T.-G.; § 44, VI R.-P.-O., § 25 II und III; § 89 XII und XIII bayer. P.-O.

weigerte Annahme. Mit Rücksicht auf den Empfänger ist demselben nur nach § 25 IV.

Die Nachsicht gewährt, dem Vertrage noch nach der Bestellung der Sendung beizutreten, indem dieselbe, wenn die Überlieferung wegen Zahlungsunfähigkeit des Empfängers nicht sogleich erfolgen kann, noch drei Tage bei der Postanstalt zur Einlösung hinterlegt bleibt.

Auf die Packetpostsendungen dürfen nach der bayer. P.-O. § 89 XII erst n a c h Zahlung der darauf lastenden Auslagen, Porti und Zustellgebühren, welche in der Aufschrift der Sendung oder auf der Postpacket-adresse verzeichnet sein müssen, ausgehändigt werden. Wird Zahlung nicht geleistet, so gilt die Annahme als verweigert und die Sendung wird unbestellbar.

Die bei Briefpostsendungen gewährte Nachsichts-frist gilt hier nicht; dagegen ist eine andere Ausnahme zu vermerken:

Die königlichen Stellen und Behörden sind nämlich befugt, auch nach erfolgter Annahme und Eröffnung portopflichtiger in Bayern aufgegebener Sendungen die Aufschriften zu dem Zwecke an die Postanstalten zu-rückzugeben, das Porto nachträglich vom A b s e n d e r einzuziehen oder sich deshalb schriftlich an die Post-anstalt zu werden.

Nach bayer. Postrecht wird sonach meines Er-achtens der Empfänger der Post nie zur Zahlung ihrer Gefälle v e r p f l i c h t e t. Die Annahmeerklärung des Empfängers kann nur unter gleichzeitiger Zahlung des Portos erfolgen. Eine andere Art der Annahme der Sendung darf die Post nicht berücksichtigen und ist eine Verweigerung der Annahme der Sendung, welche die-selbe unbestellbar macht und sonach den Empfänger zu nichts verpflichtet.

Der Adressat hat vielmehr umgekehrt das Recht, die Aushändigung einer Sendung g e g e n e i n e v o r-g ä n g i g e f r e i w i l l i g e L e i s t u n g, zu welcher er gar

12

nicht verpflichtet ist und welche die Bedingung bildet, an deren Erfüllung sein Rechtserwerb geknüpft ist, zu verlangen.

Was nun zunächst zweitens das Reichspostrecht anlangt, so bestimmt zunächst das P.-T.-G. § 6, dass die Postanstalten Briefe, Scheine, Sachen u. s. w. an die Adressaten erst dann aushändigen dürfen, wenn die Zahlung der Postgefälle erfolgt ist.

Diese Vorschrift geht ganz von dem nämlichen Grundsatze wie die bayer. P.-O. aus.

Sie ist aber keine in der R.-P.-O. enthaltene Bestimmung und demgemäss auch keine vertragsmässige Vereinbarung zwischen Absender und Post; sie ist vielmehr (vergl. P.-T.-G. § 6 „dürfen") eine an die Bestimmungspostanstalt gerichtete Verwaltungsvorschrift, wie sie mit den Sendungen der Aufgabepostanstalt zu verfahren hat, sie giebt also für die Beziehungen der Postanstalten zu einander, ausgehend von der allgemeinen Erwägung, dass der Absender in der Regel nur für bestellbare Sendungen die Zahlungsverbindlichkeit übernimmt und diese mit der unentgeltlichen Bestellung an den Empfänger erlöschen würde.

Sie sagt deshalb auch nicht, welche Folgen für Absender oder Empfänger die Aushändigung der Sendung ohne Zahlung an den Empfänger habe.

Diese Verwaltungsvorschrift hat nun aber keine Bedeutung, wenn der Absender in gewissen Fällen sich vertragsmässig zur Zahlung des Porto verpflichtet, wenn die Sendung ohne Entgelt an den Empfänger ausgeliefert wird. Hier bleiben die Ansprüche der Post bestehen.

Und ebenso steht es, wenn die Empfänger sich durch die Annahme der Sendungen in gewissen Fällen zur Zahlung der Postgefälle verpflichtet. Auch hier bleiben die Ansprüche der Post aufrecht.

Jedenfalls ist es sicher, dass der Absender durch Vertrag seine Rechtslage verschlechtern kann, indem er eine höhere Haftung übernimmt und dass er selbst den-selben nicht als absolut ni c h ti g oder anfechtbar an-greifen kann. Ebensowenig kann sich auch der Em-pfänger selbst in Hinblick auf § 6 P.-T.-G. darauf be-rufen, dass der mit von ihm seine Rechtslage verbes-sernde mit der Post eingegangene Vertrag, er brauche die Postgefälle nicht v o r Aushändigung der Sendung zu zahlen, ungültig sei.

Beide Verpflichtungen sind civilrechtlich vollwirk-same Verbindlichkeiten.

Es können sich Empfänger wie Absender nicht darauf berufen, die Post hätte, weil es ihr verboten sei, nicht einen derartigen Vertrag schliessen sollen; dies hat die Post nicht ihnen gegenüber, sondern an anderer Stelle zu vertreten.

Hiezu kommt aber noch, dass § 6 P.-T.-G. nur von einer r e g e l m ä s s i g zutreffenden Erwägung aus-geht, und dass die Post überdies zur Einzahlung solcher Verträge gesetzlich ermächtigt erscheint; denn nach § 50 II Z. 9 P.-G. hat das Reglement die n ä h e r e n Anordnungen über Kontierung und Kreditierung von Porto zu enthalten.

Demgemäss sind meines Erachtens die gegen die Giltigkeit der einschlägigen Vorschriften der R.-P.-O. erhobenen Bedenken und Zweifel entgegen S c h o t t[1]) und L a b a n d[1]) nicht zutreffend. Darnach ergiebt sich als geltendes Recht:

1. Gewöhnliche Briefe, Waarenproben und Druck-sachen, sowie alle Sendungen vom Auslande können nur gegen N a c h z a h l u n g des Portos vom Empfänger an-genommen werden (§ 44 II Satz 2 R.-P.-O.). Eine andere Annahmeerklärung ist eine Verweigerung der Annahme und v e r p f i c h t e t den Empfänger n i c h t, (§ 44 VI S. 1 und 2, II S. 2). Wurde die Sendung

---

[1]) S c h o t t S. 564/5 und L a b a n d Bd. II S. 346 Note 2.

trotzdem ausgehändigt, so wäre auch der Absender nicht zur Zahlung verpflichtet.

2. Alle andern Sendungen müssen ohne Portozahlung seitens des Empfängers ausgeliefert werden, unter zwei Voraussetzungen, a) wenn er den Absender namhaft macht und b) den bezw. Briefumschlag oder eine Abschrift davon zurückzunehmen gestattet (§ 44 II S. 3). Der fehlende Betrag wird alsdann vom Absender eingezogen; dagegen ist der Empfänger von jeder Zahlungspflicht befreit.

Anderer Ansicht ist Mittelstein (S. 81), der sagt: „Sollte übrigens in den Fällen der P.-O. § 44 vom Absender das fragliche Porto nicht zu erlangen sein, so würde alsdann der Empfänger es zahlen müssen, denn zu dessen Gunsten ist nur dahin eine Ausnahme getroffen, dass er zunächst die Sendung ohne Gegenleistung erhalten kann." Die Auslieferung erfolgt aber „ohne Portozahlung", nicht zunächst ohne Portozahlung und der Absender ist alsdann zur Zahlung verpflichtet, während nach § 44 VI der annehmende Empfänger zur Zahlung des Portos nur verpflicht ist, „sofern im Vorstehenden nicht ein Anderes bestimmt ist." Es ist eben bestimmt, dass in diesem Falle der Absender zahlungspflichtig sei.

Zwei Modifikationen von der unentgeltlichen Auslieferung der Sendungen an den Empfänger sind:

a) Die Vorschriften in § 21 X R.-P.-O. Darnach wird dem Empfänger, obwohl er die Zahlung des Botenlohns für eine ihm von Postort zu Postort durch Eilboten übermittelte Sendung verweigert, gleichwohl die Sendung behändigt, wenn er unter Rückgabe des Briefumschlags und unter schriftlicher Anerkennung der Zahlungsverweigerung den Absender bezeichnet; die Kosten sind alsdann von Letzteren zu tragen und b) in § 35 III R.-P.-O. Schreiben mit Zustellungsurkunde, bei welchen die Aushändigung des zuzustellenden

Schreibens auch ohne eine Verbindlichkeit des Empfängers erfolgt.

Nimmt b) der Empfänger eine Sendung an, erfüllt er aber nicht die beiden unter Z. 2, a) und b) genannten Voraussetzungen, so ist er zur Portozahlung verpflichtet; der Absender aber haftet in diesem Falle nicht mehr bei Zahlungsunfähigkeit desselben (§ 44 VI R.-P.-O.) Von seiner Verbindlichkeit kann sich der Empfänger nicht mehr befreien, auch nicht durch spätere Rückgabe der Sendung.

Hievon ist nur eine Ausnahme zu Gunsten der Reichs- und Staatsbehörden gemacht (§ 44 VI S. 2 R.-P.-O.)

Verweigert aber der Empfänger die Annahme einer Sendung, so ist der Absender, selbst wenn er die Sendung nicht zurücknehmen will, verbunden, das Porto und die Gebühren zu zahlen (§ 44 VI R.-P.-O.)

Zu bemerken ist noch die Einschränkung, dass die Auslieferung der Sendungen ohne Portozahlung seitens des Empfängers nur bei unzureichend frankierten, nicht bei unfrankierten Sendungen stattfindet (§ 44 II S. 1 R.-P.-O.). Letztern dürfen nicht ohne Zahlung der Postgefälle an den Adressaten behändigt werden; andernfalls wird der Absender von seiner Verpflichtung zur Portozahlung frei.

Zu diesen einzelnen des P.-T.-G. und der P.-O. ergiebt sich aber die Unrichtigkeit der Meinung von Schott[1]), Sydow[1]), es scheint auch v. d. Ostens[1]) u. A., dass Art. 406 H.-G.-B. irgend wie auf das Postrecht anwendbar sei.

Dieser bestimmt, dass durch Annahme des Guts und des Frachtbriefes der Empfänger verpflichtet wird, dem Frachtführer nach Massgabe des Frachtbriefes Zahlung zu leisten.

---

[1]) Schott S. 563 bei Note 158, S. 409/10; Sydow S. 284 Sp. 2; v. d. Osten S. 36; auch teilweise zustimmend Mittelstein S. 78/79.

Wir haben aus den positiven Postvorschriften gesehen, dass bei Annahmesendungen in gewissen Fällen
der Empfänger und nicht der Absender, in gewissen
Fällen der Absender und nicht der Empfänger zur Portozahlung verbunden ist. Es ist sonach durch besondere
Gesetze und Verordnungen in dieser Hinsicht ein anderes bestimmt; Art. 421 H.-G.-B.; Empfänger und
Absender haften daher nicht auf Grund der gesetzlichen
Vorschrift in Art. 406 H.-G.-B.[1]), sondern nach Massgabe der erwähnten besonderen Postvorschriften. Ebensowenig ist die von Mittelstein S. 79 und die dort
citierte vertretene Ansicht haltbar, der Art. 412 H.-G.-B.
finde auch auf die Postanstalten Anwendung.

Wie schon erwähnt, ist der Empfänger, wenn
er die Sendung angenommen hat, zur Entrichtung des
Porto und der Gebühren verpflichtet, „sofern im Vorstehenden nicht ein Anderes bestimmt ist" d. h. sofern
nicht der Absender zur Zahlung verpflichtet ist
(§ 44 VI S. 1 und § 44 II S. 4.)

Der Absender ist von der Bestimmung in § 44 II
R.-P.-O. (in welchem Falle aber der Empfänger nicht
verpflichtet wird) abgesehen, zur nachträglichen Entrichtung der Postgefälle nur verpflichtet, wenn die Sendung
vom Empfänger nicht angenommen oder sonstwie unbestellbar wird. Im Übrigen aber wird er durch die
Auslieferung der Sendung an jenen von seiner Verbindlichkeit frei.[2]) (Vergl. § 44 u. 39, 40 R.-P.-G.)

Per argumentum e contrario ergiebt sich aus diesen
Vorschriften nicht die Anwendbarkeit des Art. 412 H.-
G.-B., sondern dass, wenn dieselben bestimmen, wer und
in welchen Fällen er zahlungspflichtig sei, eine darüber
hinausgehende Verpflichtung nicht vorhanden ist. Und
es unterliegt wohl keinem ernstlichen Zweifel, dass der

---

[1]) So Schott l. c.
[2]) cfr. auch Laband II S. 345.

Absender, wenn er bei Auslieferung der Sendung an den
Empfänger zahlungspflichtig ist, schlechthin es ist
(§ 46 II R.-P.-O.), nicht nur für den Fall, dass das
Pfandrecht binnen drei Tagen nach der Ablieferung gemäss Art. 412 H.-G.-B. ernstlich geltend gemacht
wird!

Hätte man die Bestimmung in Art. 412 für das
Postrecht aufrecht erhalten wollen, so hätte das besonders bestimmt und derselbe überdies, um nur einiger-
massen auf die Postanstalten anwendbar zu sein, gänz-
lich umgeändert werden müssen. [1]

Wie gegen den Absender, so hat die Post auch
gegen den Empfänger das besondere Exekutionsrecht
nach § 25 R.-P.-G. Ebenso hat schliesslich die Post,
wie schon erwähnt, ein Retentionsrecht an der Sendung
wegen der auf derselben lastenden Postgefälle. Dasselbe stützt sich nicht, aber keineswegs wie Mittelstein S. 77 meint, auf das der Post nach Art. 409 H.-
G.-B. zustehende Pfandrecht, noch auf § 6 P.-T.-G.
allein, wie Schott S. 563 meint.

Es ist bereits gezeigt, wie weit Empfänger und
Absender ein Recht auf Aushändigung der Sendung
haben, und umgekehrt die Post die Befugnis die Sendung
zurückzubehalten.

---

[1] Ganz irrig sagt bei dieser Gelegenheit v. d. Osten S. 85:
Die Post hat nach § 44 IV R.-P.-O. auch die Verpflichtung, ihn (dem
Absender) die Sendung herauszugeben, wenn er sie will, auch wenn
sie sonst nichts bei ihm zur Befriedigung ihrer Forderung vorfinden
sollte. Nach § 40 II R.-P.-O. wird bei Bestellung und Behändigung
einer zurückgekommenen Sendung an den ermittelten Absender nach
den für Bestellung und Aushändigung einer Sendung an den Empfänger gegebenen Vorschriften verfahren! Oder sollte die Post deswegen, weil sie ein besonderes Exekutionsrecht nach § 25 P.-G.
hat für die unbezahlt gebliebenen Beträge an Porti und Gebühren, welche
der Absender nach § 44 IV schuldet, gleichviel, ob er die Sendung
zurücknehmen will oder nicht, die Aushändigung nicht verweigern
dürfen? Wie dadurch das Retentionsrecht der Post geändert ist,
lässt sich nicht einsehen.

Für den Empfänger gelten im Wesentlichen die hier schon behandelten Vorschriften in § 6 P.-T.-G. und § 40 R.-P.-O. für den Absender die Vorschrift in § 40 II R.-P.-O.

Ein Retentionsrecht der Post gemäss Art. 313 H.-G.-B. an der betreffenden Sendung aber wegen anderer als der durch den konkreten Vertrag entstandenen Verbindlichkeiten oder an anderen Sendungen wegen dieser Verbindlichkeiten ist zu verneinen, da die Post nach Gesetz und Verordnung die Verpflichtung übernommen hat, in einer bestimmten Weise mit den Postsendungen zu verfahren.

Zu diesen Ansprüchen der Post auf Zahlung ihrer Gefälle treten noch Ersatzansprüche derselben. Hievon ist zu erwähnen:

1. Die Verpackungskosten, infolge einer notwendig werdenden neuen Verpackung, werden wie schon oben erwähnt, nach § 7 VI R.-P.-O. vom Empfänger eingezogen; demselben aber erstattet, wenn der Absender sie nachträglich übernimmt.

Nach § 78 II bayer. P.-O. aber werden die auf die neue Verpackung erwachsenden Kosten dem Empfänger in Anrechnung gebracht, oder sofern dieser die Zahlung verweigert, von dem Absender eingezogen; bis zur Berichtigung derselden bleibt die Sendung in Verwahrung der Abgabepost.

2. Ferner hat der Absender nach § 10, § 11, 23 III R.-P.-O. und ähnlich § 77 bayer. P.-O. alle Nachteile zu verteten, welche aus einer vorschriftswidrigen Verpackung, Verschliessung und Aufschrift hervorgegangen sind.

Ebenso hat der Absender den Schaden zu ersetzen, welcher durch die Beförderung von Gegenständen entsteht, welche von der Postbeförderung ausgeschlossen oder zur Postbeförderung nur bedingt zugelassen sind.

Schlussbemerkung.

Verfasser hat sich im Vorstehenden bemüht, die privatrechtlichen Beziehungen der Post zum Publikum nach ihrer theoretischen Konstruktion zu untersuchen und hat hiebei teils entgegen den bestehenden Ansichten eine andere Konstruktion derselben versucht, teils eine der streitigen Meinungen unterstützt und verteidigt. Ebenso hat derselbe bei Darstellung des positiven Rechts eine grosse Anzahl von Unrichtigkeiten bekämpft.

Es möge zum Schluss nur noch eine zusammenfassende Bemerkung über das Verhältnis des Postrechts zum Handelsrechte gestattet sein.

Wie Verfasser bereits an den einzelnen Stellen seiner Aufgabe betont hat, finden Art. 391, Art. 408 H.-G.-B., sowie Art. 412 auf die Postanstalten keine Anwendung. Es gelten vielmehr die besonderen Postvorschriften, welchen zum Teil verwandte, zum Teil abweichende Rechtsauffassungen zu Grunde liegen.

Es ist ferner, noch ohne besondere Begründung zu bedürfen, ohne Zweifel, dass Art. 413—419 einschliesslich, welche das Frachtgeschäft mit Ladeschein behandeln, sowie Art. 420 H.-G.-B. auf die Rechtsverhältnisse der Post unanwendbar sind.

Es sind daher von dem 1. Abschn. im 5. Titel des IV. Buches nur noch Art 390, 409, 410, 411 und 421 übrig.

Hievon ist zunächst Art. 410 gleichfalls ohne subsidiäre Geltung, da nach dem Postsonderrecht die Abgabepostanstalt sämtliche Ansprüche aus dem Beförderungsgeschäfte der Post geltend zu machen hat; und ebenso dürfte auch Art. 411 unanwendbar sein, da die einzelnen Ansprüche der Post als ein einheitliches und daher nur mit einem Pfandrechte belastetes Recht erscheinen, und die Lösung der Kollision der Ansprüche verschiedener Staatsposten sich nach internationalem Postrecht, nach den Postverträgen regelt, so dass nur Art. 390 und 409 noch subsidiäre gelten.

Daraus folgt aber, dass die Bestimmung des Art. 421 über die subsidiäre Anwendbarkeit des Frachtrechtes nach Handelsrecht zur Zeit nahezu ohne Bedeutung ist und es ist nicht zu verkennen, dass die näheren Bestimmungen in Art. 409 des H.-G.-B. über die Dauer und Ausübungsweise des Pfandrechts des Frachtführers der Natur der postalischen Thätigkeit nichts weniger denn angemessen sind und ohne Zweifel niemals in Anwendung gekommen sind noch kommen werden.

Neben diesem Abschnitt aber bestehen die allgemeinen Bestimmungen des H.-G.-B., soweit sie die Natur der postalischen Geschäfte als Handelsgeschäfte und die Kaufmannseigenschaft der Post berühren in Kraft.

Allerdings bleiben auch hienach, wie der Verlauf der Darstellung zeigte, manche Lücken unseres Postrechts unausgefüllt und den Streitfragen noch ein grosses Feld offen. Es wäre deshalb dringend erwünscht, durch Gesetz und Verordnung da Wandel zu schaffen, wo es der Auslegung nicht gelingt, zu einem sichern Ergebnis zu gelangen.

www.ingramcontent.com/pod-product-compliance
Lightning Source LLC
Chambersburg PA
CBHW022352020726
47500CB00002B/244